U0613219

山东省棉花产业发展报告

王桂峰　纪凤杰　张　捷　主编

中国农业出版社
北　京

图书在版编目（CIP）数据

山东省棉花产业发展报告/王桂峰，纪凤杰，张捷
主编．—北京：中国农业出版社，2019.12
ISBN 978-7-109-26324-6

Ⅰ．①山…　Ⅱ．①王…②纪…③张…　Ⅲ．①棉花—
产业发展—研究报告—山东　Ⅳ．①F326.12

中国版本图书馆 CIP 数据核字（2019）第 285766 号

山东省棉花产业发展报告
SHANDONGSHENG MIANHUA CHANYE FAZHAN BAOGAO

中国农业出版社出版
地址：北京市朝阳区麦子店街 18 号楼
邮编：100125
责任编辑：边　疆　赵　刚
版式设计：史鑫宇　　责任校对：刘丽香
印刷：中农印务有限公司
版次：2019 年 12 月第 1 版
印次：2019 年 12 月北京第 1 次印刷
发行：新华书店北京发行所
开本：880mm×1230mm　1/32
印张：7.5
字数：220 千字
定价：45.00 元

版权所有·侵权必究
凡购买本社图书，如有印装质量问题，我社负责调换。
服务电话：010-59195115　010-59194918

编　委　会

主 任 委 员	褚瑞云		
副主任委员	王昱东	冷彩凌	王桂峰
委　　　员	郑士民	高善玉	纪凤杰
	董合忠	孙玉杰	柳宝旺
	张秀葵	韩立军	袁士忠
	李长江	李汝忠	黄　涛
	刘迎增	张　捷	于谦林
	孙学振	沈法富	白　岩
	韩　晗	高　涵	陈　莹
主　　　编	王桂峰	纪凤杰	张　捷
参 编 人 员	魏学文	徐勤青	秦都林

目　　录

目　录

推进棉花产业振兴，助力打造
乡村振兴齐鲁样板

——褚瑞云在推进全省棉花产业振兴工作暨 2019 年
棉花生产形势分析会议上的讲话节选

（2019 年 9 月 6 日）

山东省农业农村厅副厅长　党组成员　褚瑞云

2019 年 9 月 6 日，山东省推进棉花产业振兴工作暨 2019 年棉花生产形势分析会议在山东夏津召开。会议分析了当前棉花生产形势，对推进全省棉花产业振兴工作作出了安排部署。山东省农业农村厅副厅长、党组成员褚瑞云出席会议并讲话。

一、准确把握形势，切实增强推进全省棉花产业振兴的责任感和紧迫感

我省是全国重要的棉花生产、消费和纺织品服装出口大省。纵观改革开放 40 年来我省棉花产业的发展历程，在全省棉花系统的共同努力下，我省棉花产业发展和技术进步均取得显著成效，多项指标位居全国前列。一是棉花种植面积和总产多年稳居全国前列。1980—1991 年我省棉花产量曾连续 12 年居全国首位；21 世纪以来，我省棉花种植面积和总产量连续 17 年位居全国第二。二是棉花科技创新能力位居全国前列。以省农科院棉花研究中心为代表的棉花研发机构，先后选育了棉花新品种 100 多

个，其中鲁棉1号累计种植过亿亩，荣获国家发明一等奖；2013年，习近平总书记视察省农科院时，对我省棉花科技创新给予了充分肯定。**三是棉花耕作制度改革位居全国前列。**鲁西南棉区在全国首创了棉蒜高效连作模式，已成为全国棉花种植结构调整的靓丽名片。**四是棉花产业经济总量和棉花产业国际竞争力位居全国前列。**2017年我省纺织品服装收入达到1.2万亿元，约占当年全省GDP的16.5%，仅次于江苏，居全国第二位。**五是棉花补贴机制改革走在全国前列。**桂峰同志担任省棉技站站长以来，积极争取涉棉补贴政策，先后多次向农业农村部和省委、省政府进行专题汇报。去年底，财政部和农业农村部对内地①棉区棉花补贴政策进行了较大幅度的调整，出台了2017—2019年内地棉花补贴改革意见，下达我省2017年、2018年补贴资金12.2亿元。应该说，我省棉花补贴机制改革力度之大，在内地主产棉区是首屈一指的。

在肯定成绩的同时，我们更要清醒地看到，当前我省棉花产业还面临着严峻的形势和突出问题。

一是植棉面积和产量连年下滑，植棉区域大幅收窄。自2008年全球金融危机爆发以来，我省棉花生产总体呈现逐年下滑态势。据统计部门数据，2017年全省棉花种植面积降至262万亩②，总产量20.7万吨，面积和总产量均比2008年减少78%左右，年均减幅7.8%，降到新中国成立以来最低水平。2018年全省棉花面积、产量分别为274.95万亩、21.7万吨，面积和总产量虽然较2017年略有反弹，但已大不及从前。植棉区域大幅收窄，区域结构细碎化加剧，植棉业规模化和集中度日渐式微。

二是棉花质量不优，中低端产能占比较大。受棉花产区集中度较低、棉花品种市场乱象丛生、棉花生育期均衡度不高、棉

---

① 此处"内地"称法是相对新疆而言的，由于新疆植棉面积、产棉量、棉花质量远高于我国其他省份，因此行业内习惯把除新疆外的棉花产区称为内地棉区，在分析行业内信息时，通常将新疆与内地进行对比。全书同。——编者注

② "亩"为非法定计量单位，1亩＝1/15公顷。全书同。——编者注

花区域标准化程度不高等诸多因素影响，造成地产棉纤维一致性差、质量结构可适纺性差。纤检部门数据显示，2018 年我省白棉占 46.27%、马克隆值为 4.9、纤维长度为 27.9 毫米，比强度为 29.3 厘米/特，长度整齐度为 82.2，仅适纺 40 支以下的中短支纱。2017/2018 年度全省地产棉流通流向调研结果显示，我省地产棉基本流向了江苏、浙江、福建一带，省内中高端纺织业几乎全部采用新疆棉及进口棉，对外依存度达到 95%以上。

三是棉花生产成本居高不下。伴随着城镇化的快速推进和人口红利消失，我省棉花生产成本大幅攀升，植棉效益不断下降。"十二五"期间，山东棉区年均植棉成本 1 590.4 元/亩，较"十一五"平均值上涨 139%，其中物化成本 443.7 元/亩，人工成本 1 146.7 元/亩，分别比"十一五"平均值上涨 24%和 115.9%。植棉成本快速上涨，而棉花销售价格在国家收储政策取消以后大幅回落，导致植棉比较效益低下。

四是棉花产业链脱节。棉花生产与市场脱节，棉花加工与棉纺织脱节，棉花科技研发与棉花生产脱节。棉花产业链中后端向前端延伸驱动不足，植棉者和企业间的利益联结不紧密，地产棉生产结构产需不协调，全产业链运行机制不健全。

五是中美贸易摩擦对我省棉花产业的影响日益凸显。美国是我国棉花进口的主要国家，也是我国纺织品的重要出口国。2017 年中国出口美国服装纺织品金额达 454 亿美元，进口仅 7.45 亿美元，占到与美国贸易逆差的 1/4 左右。随着中美贸易摩擦的不断升级，对我国棉花生产的影响日益凸显，最近部分地区棉花开秤收购价每市斤①不足 3 元，如果后期不能回升，势必严重挫伤棉农下年度植棉积极性，植棉面积还有可能继续缩减。

"花开天下暖，花落天下寒"，近代诗人马苏臣的名句道出了棉花在人们生活中的重要作用。目前，尽管我省棉花生产乃至棉

---

① "斤"为非法定计量单位，1 斤＝0.5 千克。全书同。——编者注

花产业面对严峻的形势和困难，但大家一定要清醒地认识到，棉花仍然是关系我省经济持续稳定发展的重要物资和大宗农产品，是影响我省纺织业转型升级的重要基础产品，是农民脱贫增收和工人扩大就业的重要经济作物。大家务必以积极的态度面对当前棉花产业中的问题和困难，进一步增强责任感和使命感，坚持以习近平新时代中国特色社会主义思想为指导，攻坚克难，全力推动棉花产业发展，助力打造乡村振兴齐鲁样板落地生根、开花结果。

二、强化落实，扎实推进棉花产业振兴各项工作

杨东奇副书记在全省乡村产业振兴推进会上强调，要落实新发展理念，以更加有力的举措加快实现产业兴旺。棉花产业振兴是我省乡村产业振兴的重要组成部分，我们要坚决贯彻落实省委、省政府的工作部署，以棉花供给侧结构性改革为主线，以棉花生产保护区建设为抓手，聚焦要素整合，聚焦组织创新，聚焦重大生物技术和集成技术突破，调整优化棉、粮、经、饲结构总体布局，加快棉花绿色发展方式转变，推进现代棉花产业园区和棉花产业集群建设，促进棉花一、二、三产业融合发展，形成具有高度国际竞争力和产业融合的山东棉花高质量品牌供给体系，实现新时代山东棉花产业振兴。具体要狠抓八个方面的工作落实。

（一）要在棉花生产保护区技术支撑体系建设上抓好落实

目前，我省已基本完成"两区"划定任务，进入考核验收阶段。棉花生产保护区建设是稳定发展我省棉花生产、保障棉花产业安全的重要阵地和政策抓手，各地要以棉花补贴政策实施为契机，夯实棉花生产保护区棉田设施建设基础；优化棉花耕作制度体系，

防止棉田土壤和肥力下降；激励棉花产业重大高新技术突破和集成技术创新，扩大对外合作与交流，健全棉花生产社会化服务体系，培育壮大新型棉花经营主体。

（二）要在提升棉花生产机械化水平上狠抓落实

提高我国农村现行基本经营制度下的棉花生产全程机械化作业率，是降低内地棉区生产成本的关键。相关研发机构要着眼于农机装备与土地适度规模经营的适度化衔接配套，加强适宜农机研发，加快棉花生产全程机械化和智能化进程，制定推出一批棉花生产机械化技术规范；各地要开展棉花耕、种、管、收全程机械化作业示范，全面提升我省棉花生产社会化服务水平。

（三）要在突破棉花产业关键技术瓶颈制约上狠抓落实

科技创新和技术进步是产业强盛的根本。要将现代生物技术、机械技术、信息技术、数字技术、产业技术、工程技术融入棉花产业，在全省棉花生产保护区产业集聚度高的重点区域，建立棉花高新技术产、学、研深度融合的公共服务平台，加强棉花优质专用新品种研发及配套农机农艺技术集成攻关与试验示范。通过植棉业重大技术突破和高新技术集成，优化配置棉花产业活力要素，引发诱导传统植棉业要素更新和产业升级，遏制棉花生产萎缩、产业衰退势态。

（四）要在建立现代棉花生产体系上狠抓落实

各地要从应对中美贸易摩擦、保障棉花产业安全的高度，通过棉花产业布局规划、财政金融政策创设，优化棉花生产体系。一是引导棉花二、三产业资本在棉花生产保护区建设可纺性高的商品棉生产专用基地、棉花种业应用技术研发中心或农艺工艺技术融合创新平台，试验总结"美棉""澳棉""以色列棉"三大国际棉花品牌属地化生产的技术模式，减少对"美棉""澳棉"的进口依赖。二是支持规划建设黄河三角洲地区优质专用棉花产业带，形成内地棉区大型标准化棉花产地市场公用品牌。三是加强"一带一路"棉花产业经济合作，推进现代棉花产业园区、中外棉花产业合作园区建设。

（五）在重构棉花产业体系上狠抓落实

要着眼于棉花产业横向拓展和纵向延伸的有机统一，纵向要将棉花产业链向植棉业端延伸，打通传统植棉业增值空间，保障供应链高质量产能，通过棉花品牌塑造和营销创新，提高效益存量，增加效益流量，提升价值链；横向要充分发挥老棉区乡村特色资源、生态优势和文化优势，拓展棉作文明业态，凸显棉花生产生态价值、社会化公共产品和传统棉作文化文明传承等非生产功能。同时，还要加强棉花产业融合，做好棉、粮、经、饲统筹，调优做强第一产业，优化重组第二产业，健全壮大第三产业，强化第一产业对第二产业的质量产能支撑，提高棉花全产业链整体收益。

（六）要在培育现代棉花经营体系上狠抓落实

一要发展适度规模经营，推动承包地向新型棉花经营主体和棉花产业资本流转集中，发展多种形式的棉花适度规模经营，提高全程机械化水平，提高棉花产业劳动生产率、土地产出率和全要素生产率；二要发展棉花生产新型社会化服务业，支持服务组织开展土地托管、代耕代种、统防统治等棉花生产性服务；三要引导发展"数字棉业"，推进全省棉花全产业链大数据平台建设。建立信息化植棉业社会化服务体系，发展电商产销链接直营业态，依托"互联网＋"，推动棉花产业经济通过社会化服务和公共服务向棉花种植生产层面全面拓展并入，使分散的小农户经济和分散的村落棉花自营经济直接对接外部市场。

（七）在发展棉花新业态上狠抓落实

棉花是富含纤维、油料和蛋白质的重要经济作物。相关研究表明，每亩棉花棉籽蛋白质和油脂产量与大豆产量基本持平，棉酚提取用作医药原料后其营养不亚于大豆蛋白和花生油。因此，根据我省的生态条件和作物种植结构，要重点在光热资源适宜地区发展早熟棉（短季棉）和棉花副产品主产品化上下功夫。比如，巨野县、金乡县试验示范蒜后直播短季棉，减少了劳动用工，实现了鲁西南传统蒜套棉区的植棉轻简化；高唐县、夏津县试验示范棉花间作花生"双花"生态互作高效种植模式，减少了氮肥使用，轮作换茬，减少了病虫害，实现了黄河故道棉区植棉的绿色发展；无棣县、东营市垦利区试验示范棉花轮作小黑麦、棉花间作高粱、棉花间作大豆，同步进行棉秆还田，改变黄河三角洲棉区传统的棉作制度，提高了棉作质量。各地要继续加大对这些植棉新业态的试验研究，形成可复制、可推广的绿色技术模式，为我省棉花产业振兴提供支撑。同时，还要加强棉花副产品重大技术创新应用研究，开展棉籽油、棉仁蛋白、棉酚、棉秆、棉籽壳等棉花副产品精深加工，开发高档食用油、高品质食品、生物医药、板材等系列产品，拉长产业链，提高副产品主产品化水平。

（八）在棉花绿色高质量发展上狠抓落实

近年来，棉花绿色高质高效创建项目是我省发展棉花生产、带动棉花产业、改善棉花生态的有效产业技术手段。2018 年、2019年我省 6 个县继续开展项目实施工作。工作中，一要认真落实工作责任，严格项目管理，履行监管责任。今年我省 6 个项目县中无棣、高唐、巨野、夏津、东平 5 个县均按进度组织了项目实施，还有一个县的实施方案至今未见上报，会后请济宁市核实原因，加快项目实施进度，以免影响国家对我省的整体考核评价。二要通过项目实施，集成推广一批绿色种植模式，打造一批绿色高质高效典型，创建一批优质特色品牌，培育一批新型经营主体。三要建设我省新型棉花绿色高质高效生产示范基地，推动全省棉花生产、加工、流通、纺织全产业价值链拓展融合式发展，提高棉花生产质量和市场竞争力。

三、加强监管，严格落实中央棉花补贴政策

去年农业农村部、财政部出台了 2017—2019 年内地棉花补贴政策改革意见。根据中央要求，我省先后编制了省级实施方案报部里备案，并就具体实施工作出台了三个配套文件。总的来说，中央下达我省棉花补贴资金主要用于两个方面，一是对生产者的直接补贴，体现政策的普惠性；二是改革性补贴，体现对棉花主产区、棉花生产保护区的支持。今年是启动实施棉花补贴改革的第一年。抓好今年补贴政策的落实，积累一些好的做法和成功经验，对于促进我省棉花产业健康发展和争取更大的后续补贴支持，都具有十分重大的意义。前一段时间，省里关于做好补贴资金实施的文件已下发，2017 年、2018 年两年的补贴资金也全部下达各市。从各地工作进展情况来看，结果不是很令人满意，问题很多，特别是2017 年的补贴资金，省里文件要求各市于 5 月 30 日前将实施方案报省厅备案，但至今仍有部分市没有上报。这可能与实施棉花补贴改革经验不足有关，但我认为更重要的还是各地重视程度不够，对省里下发的政策要求精神没有吃透，对补贴具体内容没有准确把握。因此，需要大家在补贴政策落实中重点关注和把握好三个方面。

（一）科学编制实施方案

就做好 2017 年、2018 年补贴工作，省里先后下发了两个文件，明确了我省棉花补贴工作目标，确立了补贴重点、补贴标准和补贴方式。其中改革性补贴，在补贴内容上突出四个方面：一是着眼于"藏棉于地"，支持棉田基础设施建设；二是着眼于

"藏棉于技"，支持科技创新技术成果推广应用及种植结构、熟制调整优化提升；三是着眼于棉花规模化生产，支持主产区集中连片组织开展棉花生产社会化服务；四是着眼于提高财政补贴资金杠杆的放大效应，支持棉花目标价格保险试点。各地编制实施方案时，要切实按照省里下发的文件要求，把握好政策框架边界，四项补贴内容可以都补、也可以选补，但不能全部搞基础设施建设，不能大规模搞固定资产投资，不能仅注重物资采购补贴，更不能为了照顾个别单位和地区，而有选择性地制定方案，要针对制约本地区棉花生产的瓶颈问题，全要素设计方案，注重培育棉花新技术、新模式、新产业、新业态，提升全产业链运行效率和水平，确保补贴在棉花供给侧结构性改革中发挥实效，钱要花在刀刃上，达到"弥补短板、突出重点、打造亮点"的要求。各市要切实履行指导和监管责任，对各县（市、区）方案进行严格把关审核，务必于 9 月 20 日前上报省厅备案，逾期不报的省厅将按程序报有关部门，追究责任。

（二）扎实推进工作落实

棉花补贴政策，涉及面广、工作量大，需要各地一环扣一环地抓紧抓好。一分部署，九分落实，对于直接给生产者的补贴，各地务必按方案要求，于 9 月 30 日前发放到户；对于改革性补贴，从大家上报的方案来看，还有很多工作需要细化，需要一步一个脚印地往前推进。在实施过程中，大家要注意几点：**一要创新工作思路**。这次改革性补贴和以往的棉花补贴有很大的不同，给我们市、县的权利更大了，但责任和要求也更高了，对我们农业农村部门来讲是一项全新的考验。照搬照套原来的那一套不行，凭经验办事也是行不通的，需要大家打开思维、拓宽思路、集思广益、积极探索，创立一批新的发展模式，打造一批新的亮点工程，真正让补贴政策发挥效益。**二要加快实施进度**。现在已经进入 9 月份了，有的市还没制定好方案，有的市虽然上报了方案，但方案不够细化，特别是棉田基础设施建设还需要第三方规划设计，可以说，完成今年的工作，时间紧迫，任务艰巨。各地一定要提高重视程度，加快向前推进，各地可将 2017 年、2018 年两年的补贴统筹安排，既要避免重复建设，也要考虑集中资金办大事，力争 2019—2020 年全面完成各项建设任务，不能再拖到 2021 年。**三要搞好总结宣传。**国家补贴政策宣传也是一项非常重要的工作。各地要及时总结补贴政策实施过程中涌现出来的好典型、好经验、好做法，诚邀新闻媒体进行深入宣传，树立一批标杆、总结一批模式、打造一批亮点，为我省棉花产业振兴提供可复制、可借鉴的范本。

（三）强化各项保障措施

本次补贴涉及的内容较广，需要多部门密切配合。**一要责任落实到位。**各市要组织、指导项目县做好实施工作，履行好监管职责。各项目县都要成立由政府负责同志任组长的领导小组，加强协调，确保项目建设有序有力推进。**二要指导服务到位。**从中央到省都明确规定，项目实施方案制定和项目具体实施都是农业农村部门牵头，我们农业农村部门要切实担当作为，承担起指导服务的重要职责；县级农业农村部门要统筹力量，明确分工，责任落实到人。**三要资金落实到位。**2017 年、2018 年中央下达我省的补贴资金为 9.371 8 亿元，加上整合前两年我省补贴结余资金 2.8 亿元，共计 12.2 亿元，全省 8 个主产棉市 23 个县享受到该项政策，其中金乡、夏津、巨野 3 个县补贴资金均在 1 亿元左右，改革性补贴力度之大，可以说史无前例，必须用好、管好；要严格支出范围，严禁挤占、挪用、截留项目资金，做到专款专用。**四要督导检查到位。**各地要加强工作督导和考核，查地块、查资金、查档案，发现问题及时整改。项目资金要设立专账，每项支出都要严格执行财务制度，做到有据可查。档案要有专人负责，按要求做好相关资料整理和存档工作。

总之，要通过方方面面的工作，保证补贴政策实施好，发挥好补贴政策的应有作用。

四、树立形象，毫不放松地抓好棉花系统自身建设

面对复杂的棉花生产形势，推进我省棉花产业振兴，离不开一支务实高效、开拓创新、廉洁自律的干部队伍，要以良好的精神状态、务实的工作作风、过硬的业务本领，统筹推动工作落实。

（一）要加强公共服务体制机制创新

目前，我省是全国唯一单设有省级棉花生产与技术指导部门的省份，全省棉花生产技术服务体系仍然比较完整，这是我省发展棉花生产非常宝贵的组织资源。但是，有些地方在改革中把棉花公共服务管理机构取消了，丧失了组织优势。当前棉花单一的熟制和单一的种植模式，已不适应形势的变化，需要从机构的运行机制方面进行创新。我省聊城、菏泽因地制宜建立了棉经协调的公共服务体制机制，对棉花耕作制度改革和高效种植模式推广起到了良好的组织支持作用。金乡县、巨野县、高唐县棉花公共服务部门技术力量也比较强，其中，金乡县前不久还恢复了棉花生产办公室设置。各地要充分借鉴这些做法，积极谋划，多想办法，多出思路，争取当地党委、政府的支持，按照优先效能的原则，建立棉花与关联经济作物与时俱进、共生共进的公共服务管理体制。

（二）要加强调研学习

这是我们做好工作的前提和基础。机构改革后，农业农村部门责任更大了，我们提出的每一项建议举措都离不开调查研究，都离不开第一手资料；制订的每一项政策，在具体工作中贯彻落实得怎么样，都需要我们深入基层、深入实际进行调查研究，只有多听基层群众的意见和反映，不断总结经验，才能更好地推进棉花产业振兴。各地要以"不忘初心、牢记使命"主题教育为契机，切实提高

学习能力，把所学知识与本地区的实际结合起来思考，把学习的成果转化为谋划棉花产业振兴的思路措施，做到学以致用、学用相长。今天，农业农村部就内地主产棉区棉花补贴政策实施情况召开座谈会，下一步内地棉花补贴政策可能还有变化，各地一定要抓住国家政策创设的机遇，加强促进棉花生产发展的支持保护政策调研，为上级部门决策提供参考。

（三）要强化责任担当

农业农村部门的干部职工要坚决树立不愿担当就不该当干部、不敢担当就不配当干部、不会担当就不能当干部的理念，勇立潮头，敢于担当，做到矛盾面前不躲避、困难面前不绕行，一心一意谋发展、心无旁骛抓落实，在担当中披荆斩棘、建功立业。要心往一处想、劲往一处使，去虚务实，扎实干事，用实实在在的行动和成效，同心同向推动各项工作始终走在前列。

（四）要严守纪律规矩

近年来，从国家对棉花的扶持政策来看，力度会不断加大，资金投入也越来越多，这也对农业农村系统廉政提出了更高更严的要求。大家一定要牢记"权为民所用、情为民所系、利为民所谋"，切不可搞权力寻租。要坚决筑牢拒腐防变的思想防线，始终把纪律和规矩挺在前面，保持高度的敬畏和敏感，树立底线、红线、高压线意识，坚持干净做人、清白做事、廉洁用权，全面树立和维护棉花系统为民、务实、清廉的良好形象。

最后，我再强调一下棉花后期管理工作。

目前，我省棉花已进入吐絮期。各地要因地制宜加强技术指导，做好棉花后期管理。要根据棉花长相长势做好防早衰、防旺长、防病虫等田间管理。尤其是要做到科学收花。今年，"利奇马"造成我省部分棉田受灾，最近棉花吐絮期雨水偏多，许多棉田出现烂铃，要及时摘除。正常吐絮棉花采收要用棉布兜，做好分收、分晒、分储、分售，要严格控制"三丝"混入籽棉，确保原棉质量。

在我省推进棉花产业振兴的特殊历史时期，积极做好棉花生产工作责任重大。各级农业农村部门一定要认真贯彻落实党的十九大精神，从全省经济社会发展大局出发，锐意进取，奋发作为，以更加有力的措施，努力推进棉花产业振兴，为打造乡村振兴齐鲁样板贡献我们的力量。

山东省棉花产业发展情况调研报告

王桂峰

（山东省棉花生产技术指导站，山东　济南　250013）

摘要： 通过对山东省棉花产业链的实地调研和查阅统计资料，结合国内外棉花产业形势剖析了山东省棉花生产更替演变、棉花产业现状和棉花全产业链条运转情况，分析了山东省当前棉花产业发展面临的困难和存在的主要问题，并对国内外棉花产业变化与进展、全国棉花生产格局调整进行了分析。从乡村振兴与棉花产业振兴，建立现代棉花生产体系、经营体系，重构现代棉花产业体系的角度，提出了山东省棉花生产发展和棉花产业振兴的思路与措施。

关键词： 山东省；棉花生产；产业振兴；思路与措施

棉花是关系国计民生的重要物资商品和大宗农产品，是我国重要的经济作物和纺织工业三大原料"化纤、纤维、粘胶"之一，又是"棉、麻、毛、丝、竹纤维"全球五大天然纤维唯一直接由种子生产纤维的农作物，且为天然低碳型纤维原材料，还是重要植物食用油、饲料或食品工业蛋白质原料来源。

棉花是双子叶植物，种植生育周期长，供求弹性较低，其自然风险、弱质性、不稳定性比其他作物更为突出；棉花产业链长，产业资本密度高、市场风险大。因此，棉花具有金融衍生品属性，易受到国际市场及经贸条件和国际资本的垄断性操控，在国民经济发展中的重要性更加突出。

我省是全国重要的棉花生产、消费、纺织品服装出口大省，棉花产业经济总量及国际市场竞争力居全国前列。近十年来，我省棉花种植面积和产量减幅较大，棉花全产业从业人员在 260 万～300 万人区间变化，棉花产业是我省传统棉区 8 市 23 县（市区）广大农民及城镇职工就业创业收入的重要渠道。

纵观我省棉花生产和棉花产业经济在改革开放 40 年、棉花市场化改革 20 年来的发展变化历程，积极把握新时代实施乡村振兴战略，打造乡村振兴齐鲁样板及农业农村优先发展的窗口期，创新棉业发展体制机制，提升棉花产业链，注重科技进步和规模经营，推进新时代山东棉花产业振兴，助力乡村振兴意义重大。

一、我省棉花生产稳步发展与加速衰减更替进程演变及稳定走势

棉花和粮食一样是国计民生的重要战略物资和大宗农产品。我省是农耕文明史上的传统植棉业大省，明清时，鲁西北的高唐、夏津植棉生产和棉纺业发展较快，带动了农村经济和当地生产、交换、消费、贸易繁荣，素有"金高唐、银夏津"的称谓，意味棉花在经济社会中占有特殊"货币"等价物储备的重要经济地位[1]。20世纪 70 年代，原惠民地区滨县杨柳雪村作为周恩来总理树立的全国"粮棉双高产典型"，被誉为当时中国棉区的一面旗帜，红遍大江南北。

（一）棉花生产变化周期逐步加速调整、传统植棉业呈收缩衰退趋势，徘徊筑底企稳明显

自 20 世纪 80 年代，随着市场经济体制的确立，我国农村基本经营制度的不断完善，农民家庭经营成为独立经营决策主体，经济作物种植结构规模产量快速增加，我省棉花种植面积和产量占全国总面积、总产量的四分之一，出口量占全国总出口量的五分之一，

棉花种植面积和产量连续 12 年居全国首位。

我省植棉面积及总产量最高峰值是在 1984 年，最大植棉面积和最高总产曾达到 171.24 万公顷（2 568 万亩）和 172.5 万吨，分别占全国的 24.7％和 27.6％[6]。21 世纪前 10 年，我省常年植棉面积一直稳定在 53.33 万公顷以上，其中 9 年在 66.67 公顷（即 1 000 万亩）以上；棉花总产基本稳定在 80 万吨左右，其中 2004 年、2006 年在百万吨之上，单产水平 2008 年提高到 78.13 千克/亩。2008 年全球性金融危机爆发，我省棉花生产量由此呈现逐年下滑态势，2017 年棉花种植面积已下降到 262 万亩、产量 20.7 万吨，植棉规模总产降至 1949 年以来最低水平（表 1）。2018 年筑底企稳显现，棉花面积、产量适度反弹分别为 274.95 万亩、21.7 万吨[2]。

表 1　2001—2018 年山东省棉花面积产量统计情况

年份	面积（万亩）	总产量（万吨）	单产（千克/亩）
2001	1 103.1	78.1	70.80
2002	997.2	72.2	72.40
2003	1 323.4	87.7	66.27
2004	1 589.8	109.8	69.07
2005	1 269.0	84.6	66.67
2006	1 335.5	102.3	76.60
2007	1 282.8	95.1	74.13
2008	1 203.1	94	78.13
2009	1 029.5	79	76.73
2010	936.5	59	63.00
2011	874.4	60.8	69.53
2012	761.9	51.4	67.47

（续）

年份	面积（万亩）	总产量（万吨）	单产（千克/亩）
2013	705.3	43.4	61.53
2014	590.9	44.2	74.80
2015	488.0	33.9	69.47
2016	418.6	32.9	78.60
2017	262.0	20.7	79.00
2018	274.95	21.7	78.95

　　2019年春季，据省农业农村系统统计核定，2018年植棉统计显示（表2），菏泽、济宁两市组成的鲁西南棉区植棉面积为139.12万亩，占比达到53.48%；环渤海湾的滨州、东营、潍坊三市滨海地区构成的鲁北棉区的植棉面积为75.38万亩，占28.98%；德州、聊城、济南三市形成的鲁西北黄河故道棉区的植棉面积为35.8万亩，占13.77%；其他市植棉面积占3.77%。当前我省棉花种植主要分布在鲁西南、鲁北、鲁西北传统植棉区16个市、县、区，其中鲁北属黄河三角洲滨海盐碱地一熟传统棉区，鲁西北属于黄河故道两熟、一熟混作老棉区，鲁西南为两熟套作及轮作高效棉区，鲁中鲁南岭地旱薄地的少量及微域旱作棉区交叉分布，棉花植棉区域大幅收窄，生产区域结构细碎化加剧，植棉业规模化和集中度降幅加大。

　　棉花因其 C_3 木本作物抗逆境生理发育耐盐碱性特性，生物量、固碳量、耐土壤盐碱量、重金属吸附量相对较大，我省以金乡大蒜品牌棉经产业经济形成生态优化、市场优化选择的棉蒜椒"两白一红"三元高效棉作模式，平衡了单一作物种植的自然生态风险和市场风险，有效支持了农民的综合收益和生态效益，其2018植棉面积为黄河三角洲滨海盐碱地自然禀赋比较优势植棉区的1.85倍，已成为全省植棉规模化最大的区域。

表2　2018年山东省棉花种植面积核定情况汇总表（棉收后核到市）

地区	面积（亩）
济南	55 706.735
青岛	7 117.95
淄博	18 097.2
枣庄	11 522.8
东营	359 192.19
潍坊	90 809.9
济宁	519 004.025
泰安	44 917.18
日照	2 779.53
临沂	13 694.73
德州	224 941.2
聊城	77 413.978
滨州	303 784.018
菏泽	872 186.54
合计	2 601 167.976

当前，我省植棉业继续下滑走势基本趋向平稳。据2019年4月，山东省棉花生产技术指导站选择省内6个主产棉市进行了植棉意向调查，结果显示2019年全省植棉面积呈现稳定持平态势，预计全省植棉面积约274万亩左右。植棉意向调查的6个主产棉市中，济宁、滨州、菏泽、德州4个市植棉面积增加，聊城、东营2个市植棉意向面积减少。调查数据统计，2019年植棉意向是近十多年来，全省棉花种植面积首次呈现趋于平稳态势。

与此同时，国家稳定棉花生产保障优势产能政策加强，2017年国务院规划确定全国3 500万亩棉花生产保护区，我省有400万亩棉花生产保护区，是内地最大的棉花生产保护区省份。目前我省实际植棉面积已低于国家划定的我省棉花保护区基本规模的32.5%，植棉面积已远远低于新疆，并低于河北省，棉花生产急剧萎缩，棉花产业面临加速衰退。

据我省农民人均耕地规模和区域差别分布估计，我省目前仍有160万～200万农民主要从事棉花生产，纺织服装业作为地方区域经济支柱产业主要分布在滨州、德州、泰安、济宁、菏泽等市部分黄河故道植棉区以及潍坊、烟台、青岛即墨区。

（二）棉花生产质量结构性品质偏低，棉花中低端产能较重

据 2018 年国家纤检局报告数据分析，我省 2018 年棉花品质质量指标情况如下。颜色级，白棉占比为 46.27%，淡点污棉占比为 51.05%；轧工质量比例为 P1∶P2∶P3＝0%∶99.93%∶0.03%，偏粗糙且所含疵点种类；棉花长度平均 27.85 毫米，低于全国平均值 28.55 毫米；马克隆值分级、分档占比，我省 A∶B1∶B2∶C1∶C2＝1.29%∶0.15%∶54.80%∶0.16%∶42.6%，综合偏高，其中 B2 占比为 54.80%，C2 占比为42.6%，马克隆值偏高，成熟较过、纤维较粗、纤维抱合力较差，成纱强力和条干均匀度不理想；断裂比强度平均为 29.29 厘牛/特，整齐度指数平均为 82.17%。

我省棉花纤维质量结构主要指标构成。白棉花占 46.27%，马克隆值是 4.9，平均长度 27.85 毫米，断裂比强度为 29.29 厘牛/特，整齐度指数为 82.17%（表3）。

我省棉花品质质量结构。由于棉花产区集中度低，植棉区域随机分散，碎片化加重，棉花采用工成本高、棉花人工少且采收时间普遍较晚、棉花品种市场杂乱、生育期均衡度低、棉花区域标准化程度低，地产棉纤维一致性、质量结构可适纺性差，地产棉仅适纺 40 支以下的中短支纱。2017—2018 年后多点调研全省地产棉流通流向，我省地产棉基本流向了江苏、浙江、福建一带，我省中高

端纺织业几乎全部采用新疆棉及外棉。

表3　2018年山东棉花纤维质量指标

棉纤维指标	平均长度（毫米）	整齐度指数（%）	断裂比强度（厘牛/特）	马克隆值	白棉花（%）
平均	27.85	82.17	29.29	4.9	46.27

二、我省棉花产业前端弱而分散，同质过剩，中后端集群式发展强劲，副产品资源丰富，产业潜在价值高

棉花是我国大田种植业生育期长、产业链最长的主要经济作物，商品率高达95%以上。棉花产业涉及种植、生产、加工、纺织、印染、服装、储运、贸易等多个行业，主要包括轧工、纺织、棉花副产品加工等，既是我国大量城乡劳动力就业和增收的渠道，也是纺织工业发展的重要支柱。

（一）全省棉花加工环节分散，棉花流通技术标准度降低

2016年以前，我省400型棉花加工企业389家。随着棉花生产资源减少、产地分散、产量和集中度降低和棉花加工资格的认定取消，严重冲击了400型棉花加工企业的正常经营，导致部分400型与200型收购加工企业转产转型转移到新疆以及各类小包棉等无证企业混存竞争，生产的小包棉多为"白板包"，技术标准化程度低，正常运行的400型棉花企业不到10家。我省棉花收购加工业的原有规模集中优势演变为棉花标准化收购加工成本高的短板。

棉花加工环节一头连着棉花种植者，一头连着纺织企业，全省棉花加工业的散小混存状态严重影响了棉花产业链、供给链、

价值链的有效运行，促使棉花一、二、三产的产业链条分离脱节。

（二）我省纺织服装业是经济发展的重要支柱

纺织服装产业已成为我省五大万亿级产业之一，包括纺纱、服装、家纺、化纤、制造、纺机等纺织产业链条构成的全部产业细分门类，主要产品产量均居全国前列，是全省工业经济的支柱、制造业创新发展的典型代表。全省纺织服装产业体系完善、协同发展能力强，规模体量大、产业集群分布较广，具有一批规模实力强、产业链完整系统的综合性纺织服装企业集群。

2017 年全省 3 944 户规模以上的纺织服装企业累计实现主营业务收入 1.18 万亿元，占全省规模以上工业企业总收入的 8% 左右。2017 年山东纺织服装总收入已达到 1.2 万亿元，该行业总收入约占 2017 年全省 GDP 的 16.5%，居全国第二位，仅次于江苏。

我省纺织服装行业实现了科技化、绿色化、时尚化产业发展新定位。2018 年，全省拥有纺织服装产业集群 26 个，规模以上纺织服装企业 3 700 家，居于全国第四位，仅在该年度 1～10月，全省 3 700 家规模以上纺织企业，主营业务收入和利润总额分别达到 7 769.15 亿元、308.18 亿元，全行业平均用工规模约89 万人。

据粗略估算，2018 年 26 个纺织服装产业集群实现主营业务收入 5 500 亿元左右，分别达到全省的 46% 和全国的 18.4%。

2018 年全省纱线产量 459.32 万吨，占全国总量 2 976.03 万吨的 15.43%。

我省拥有全球大型家纺生产企业，是国内家纺大省。2018 年 1月至 11 月，规模以上家纺企业 1 861 家累计实现主营业务收入 1 930.32 亿元，家纺制成品出口同比增长 6.8%，实现利润总额105.76 亿元。

我省纺织服装业重点区域产业格局（结构、规模、材料、创意、时尚）特色明显，产业技术支撑雄厚。

我省纺织服装产业产业结构、创新能力、品牌效应优化提升潜力大。

（三）我省棉花副产品资源存量优势及其资源化研发高度商品化应用的巨大产业价值

棉花具有抗逆性、无限生长性、再生能力强等生物特性，光合积累生物量大，产业价值高，可开发多功能稀缺产品。

棉花经济产量中纤维约占40％，棉籽约占60％。棉籽有7％～10％短绒，40％为棉籽壳，其余为棉籽仁。棉籽仁含有丰富的油脂和蛋白质，含油率高达35％～46％，蛋白质含量高达30％～35％；棉籽仁富含多种氨基酸，其含量是小麦的1～2倍；有些品种棉籽仁含蛋白量高达35％～38％，高于大豆。脱酚棉籽油不饱和脂肪酸占70％以上，其中双烯脂肪酸——亚油酸占50％以上，其营养价值高于花生、油菜籽。棉籽壳是生产多种食用菌和药用菌的天然培养基。

棉花主要副产品——棉秆富含纤维素（60％）与木质素（22％）、多缩戊糖（13％），化学成分同木材。

按我省年均棉田面积20万千米^2，每年可产棉籽40万吨，棉短绒4.8万吨，棉籽壳8.4万吨，棉籽油6.4万吨，棉籽饼20万吨。2018年，我省棉花产量21.7万吨，棉花草谷比按5.0计算，棉秆资源约108.5万吨。

据山东省棉花生产技术指导站2018年11月初步统计，我省棉花副产品加工企业格局形成，全省规模以上棉籽油、棉籽饲料加工企业15家，主要集中分布在夏津（7家企业）、临清（2家企业）、博兴（2家企业）、嘉祥（2家企业），年加工能力500万吨，其中夏津416万吨、博兴22万吨、临清7万吨、嘉祥40万吨；另有菏泽市2家企业。全省棉籽油、棉籽饲料加工业产品基本为初级棉籽油、色拉油，初级棉籽粕饲料等。

我省棉花副产品资源丰厚殷实，提高棉花副产品精深加工技术集成创新能力，拓展棉花产业链从"棉籽—榨油—高档食用油"延伸到"棉籽蛋白—高蛋白食品—低聚糖—饲料"，从"棉花—纺织"

延伸到"棉秆—板材、包装纸、发电—生物肥料",延伸到"棉酚—抗肿瘤、抗癌医药"棉花全产业绿色生态循环,整合棉花副产品资源优势转为新产业、新业态的高商品开发优势,降低棉花生产市场风险、生态风险,拓展提升棉花产业价值,增加棉农收入,延伸稳定植棉业态,产业创新意义重大。

三、我省当前棉花产业发展面临的困难和存在的主要问题

2016 年 10 月至 2019 年 4 月,原农业部棉花专家组、国务院发展研究中心以及山东省棉花生产技术指导站有关工作人员赴夏津、临清、金乡、莒南、无棣、滨城深入调研,根据棉花种植基层组织、棉企反映情况看,当前棉花生产和产业发展面临的实际困难和问题如下。

(一)棉花生产成本高、质量效益偏低

山东省棉花生产技术指导站 2019 年 2 月至 3 月对全省 6 个产棉市的 54 个乡镇、377 个村的 11 649 户棉农进行了调查统计,2018 年植棉平均亩产籽棉 235.8 千克,折皮棉 94 千克;销售籽棉平均价格为 6.54 元/千克,售棉亩收入(含棉籽)1 560 元;植棉亩成本 1 294 元,其中物化成本 423.2 元,活劳动成本 791.6 元(日工时费 60 元),土地成本 95.5 元(综合平均),植棉亩纯收益为 265.5 元,比 2017 年降低 83 元。

从植棉效益角度分析,受气候影响,2018 年植棉效益与种植粮食的比较效益缩小。根据调查,抽样户小麦、玉米两季平均纯收益为 784 元,比上年减少 110 元。小麦—玉米一年两季的种植模式比种植一季棉花多收入 518.4 元。

据 2019 春季播种气候情况分析,2019 年预计棉花生产成本 1 599 元/亩,棉花籽棉单产 230 千克/亩,棉花皮棉单产 89.7 千克/亩。棉花(皮棉)平均成本价格 1.738 0 万元/吨。

（二）棉花全产业链条处于分割短窄状态，全产业生产要素配置效率低，产业融合驱动体制机制缺失

全省棉花品种育繁推一体化体系和原种保种繁育体系肢解化严重，棉花品种市场及生产用种杂乱，棉花生产品质远低于遗传品质。棉花生产供给技术源端严重制约棉花产业的供给质量结构和竞争力水平。

产业链中后端向前端延伸驱动不足，植棉者和企业间的利益联结不紧密，地产棉产需不协调，全产业运行体制不健全。棉花加工环节既与服装纺织环节需求分离，又与棉花生产供应链完全分离，棉花加工环节两端的孤立运营及助推全省棉花 400 型、200 型加工企业大多转产转型，棉花加工系统碎片化解体、加工技术标准无序化态势，是棉花供给侧结构性问题的主要成因，棉花一、二、三产融合市场构建机制缺失。

（三）我省棉花生产比较效率低，棉花生产供给基础极其薄弱，产业链条脆弱而非均衡，产业素质不高，产业竞争力下行压力大

根据 2018 年全国及各省（区、市）棉花生产情况（表 4），分析得出以下结论：

2018 年新疆播种面积占全国的 74.3%，棉花产量占全国的 83.8%；

2018 年山东棉花播种面积占全国的 5.467%，棉花产量占全国的 3.56%。

棉花生产率比较：山东 21.7/274.95 = 7.89%；新疆 511/3 737 = 13.67%。

我省棉花生产率明显低于新疆，并且生产率和全要素生产率相对环比均低于当地其他大田作物，棉花生产转移及衰退较重。

表4　2018年全国及各省（区、市）棉花生产情况

地区	种植面积 （千公顷）	单位面积产量 （千克/公顷）	总产量 （万吨）
全国总计	3 352.3	1 818.3	609.6
北京			
天津	17.4	1 023.3	1.8
河北	210.4	1 137.3	23.9
山西	2.6	1 399.2	0.4
内蒙古			
辽宁			
吉林			
黑龙江			
上海			
江苏	16.6	1 241.0	2.1
浙江	4.2	1 402.3	0.6
安徽	86.3	1 025.6	8.9
福建			
江西	45.6	1 495.7	6.8
山东	183.3	1 184.2	21.7
河南	36.7	1 033.3	3.8
湖北	159.3	937.6	14.9
湖南	63.9	1 341.0	8.6
广东			
广西	1.2	859.1	0.1
海南			
重庆			
四川	4.0	991.3	0.4
贵州	0.7	989.6	0.1
云南			
西藏			
陕西	7.1	1 350.0	1.0
甘肃	21.5	1 637.2	3.5

（续）

地区	种植面积 （千公顷）	单位面积产量 （千克/公顷）	总产量 （万吨）
青海			
宁夏			
新疆	2 491.3	2 051.5	511.1

另外，再通过我省 2018 年棉花生产与纺织服装业主营业务收入（此项可粗略算为产值）比较，分析棉花产业现状。

据省纺织服装协会统计，2018 年我省纺织服装业就业熟练劳动力约 89 万人，准收入约 1.2 万亿元（可粗略估算为产值）。

与此同时，2018 年度植棉业耕、种、管、收 275 万亩棉田约占用全年劳动力为 275 万亩×20 个工/亩÷365＝15.07 万人，或 275 万亩÷15 亩/人×8 个月/年÷12 个月/年＝12.22 万人（人工）；275 万亩棉田总收入（约估算为产值）为：275 万亩×240 千克/亩×7.2 元/千克＝47.52 亿元。

人均产值比较情况：纺织服装业为 1.2÷89＝134.83 万元/人；植棉业为 47.52÷15＝3.168 万元/人，47.52÷12.22＝3.89 万元/人。

棉花一、二产业人均劳动产值比分别为，3.168÷134.83＝2.345%，3.89÷134.83＝2.885%；即棉花一、二产业人均劳动产值比例在 2.345%～2.885%。

全省棉花生产供给端与纺织服装业人均劳动产值比较差距非常显著，棉花产业供给效率过低，对棉花产业的支撑能力甚微，棉花第一产业和第二产业技术断层和效率反差凸显，棉花产业素质整体不高。

（四）棉花生产供给端生产要素净流出渐多，棉花产业整体要素配置活力不足

产业资本对棉花生产方式调整升级支持引导匮乏，棉花产业创新与技术进步有效支撑不足。实现棉地流转适度规模化经营有效路径狭窄，棉花经营主体的人力资本支撑缺乏。

综上所述，在我国棉花产业资源和市场已经融入经济全球化的背景下，我省生产供给结构性的市场需求导向下的生产问题导向机制缺失或局部断裂，致使棉花生产与产业发展出现：棉花三次产业不融合、产学研不耦合、产供需不契合，地方区域棉花生产根本不能形成产业、分散的棉花产业不能形成产业链、无序化的产业链节点格局客观上不能融入以棉纺服装业为主体的地方区域棉花产业集群。同时，棉花全程生产机械化作业与生产规模条件不对应，农机装备研发产品结构与棉花生产现状配套能力低，棉花生产萎缩，本质上是传统植棉业原有生产要素的比较优势地位加速下降，新的棉花消费市场拓展十分有限，重大技术突破能力严重不足，规模化生产和棉花社会化服务体系构建的体制机制基础薄弱。棉花生产要素长期处于净流出状态，转移出植棉业，新型植棉业高新技术、知识、信息、数据等全新生产要素更新转换滞后于现代棉花产业发展的市场要求，距离现代棉花生产体系的专业化、规模化、品牌化格局甚远。

四、国内外棉花产业变化进展及全国棉花生产格局调整分析

（一）棉花产业区域间重构再造逐步加快，技术进步与规模化推动产业链提升

社会生产力的不断提高发展，推动棉花消费需求结构的不断调整升级、生产要素优化配置调整和价格变化、区域市场规模扩大、社会重新分工和细化，导致区域间发生产业转移。受产业效率、全要素生产率的影响，棉花产业再造式转移与现代棉花产业链优化并购重组、棉花产业链提升环境下的棉花全产业集群式发展综合交织，可能是大概率趋势。全球纺织产业迁移路径及其制造中心变更历经了 5 个阶段：第一次工业革命时期的英国和 20 世纪初的美国首先成为纺织制造中心；1945 年后转向日本；20 世纪 70 年代后开启转移到我国台湾和香港地区；我国在 1992 年确立社会主义市场经济体制，加速对外开放，2001 年加入 WTO，对外经济贸易合作

进一步加快，成为全球新的纺织制造业中心；2010 年以后，东南亚国家劳动力成本比较优势承接劳动密集型制造产能渐强，纺织制造中心向东南亚国家转移趋势凸显。与此同时，我国纺织产业正从东部沿海地区向中西部地区加速转移。

（二）国内外棉花生产供给和市场需求格局趋于稳中变化，变化幅度适度拉宽

棉花市场走势的四大因素：全球经济运行及贸易条件；棉花产业政策调整及棉花储备情况；自然条件和气候因素（棉花作为大田经济作物生育期长，气候因素影响较大）；全球金融市场状况（棉花作为大宗农产品供求弹性较低，具有很强的金融衍生品属性）。国际棉花市场棉花供给竞争力结构组成主要是澳棉、美棉、巴西棉、印度棉、以色列棉稳而趋强。

我国棉花生产取决于土地、水、劳动力资源禀赋结构差异以及生产成本、比较收益，棉花供给体系结构由政策、资本、科技、产业组织等因素综合决定。

基于棉花产业政策和植棉生产效率差别影响，2017—2019 年新疆实行棉花目标价格补贴政策，目标价格是 18 600 元/吨，内地"9 省＋1 市"实行的是棉花定额补贴，二者相差 20%～30%；内地补贴发放时间滞后，棉花生产时效性不高。当前棉花财政支持政策基本仅有棉花目标价格补贴，内地棉花补贴标准低且补贴方式时效性差，保持植棉意向稳定作用十分有限。在 3～5 年内，棉花生产发展受土地、水、气候等自然资源条件约束增强，棉花生产成本提高、比较收益持续下降的态势不会根本改变，我省棉花种植面积不易出现大幅度回升。

当前全国棉花生产格局基本态势，据国家统计局数据分析，2018 年全国棉花面积、产量为 5 028.5 万亩、609.6 万吨，面积、产量分别比上年增长 3.8%、7.8%；其中新疆棉花面积、产量分别是 3 737 万亩、511 万吨，棉花面积、棉产量分别占全国的 74.3%、83.8%，棉花产量比上年增长 11.9%，增速高于全国平

均水平 4.1 个百分点。内地"两河"植棉流域与新疆棉区产业集中度、产业效率差别显著,"二八"现象短期内适当扩大,不会缩小。

据山东省统计局统计数据分析,山东省 2018 年棉花面积、产量分别为 274.95 万亩、21.7 万吨,比上年分别增加 4.9%、4.8%,在全国占比分别为 5.467%、3.56%。以此看出,我省植棉生产率、全要素生产率在目前棉花产业政策支持下均低于新疆,尤其是植棉生产率。

2017 年,我国出台棉花生产保护区规划,全国 3 500 万亩,其中新疆 2 400 万亩,山东 400 万亩、河北 300 万亩、湖北 200 万亩、湖南和安徽各 100 万亩,这是我国稳定棉花基本产能和棉花产业安全的战略性产业政策保障[3]。

从全球农业国际合作和农产品贸易看农业农村发展,从农业农村产业发展观棉花产业,从棉花产业经济看棉花生产。未来一定时期,我国棉区植棉面积稳定在 4 200 万～5 000 万亩,棉花供给保持在 500～590 万吨,棉花消费稳定在 700～800 万吨,供需缺口在180 万～200 万吨区间,进口量保持在 200 万吨左右。

伴随着打造乡村振兴齐鲁样板的推进政策,乡村产业振兴加快,我省持续加大以棉花生产保护区为稳定棉花基础产能的棉花产业政策结构性调整及机制完善,棉花供给侧结构性改革步伐加快,棉花产品质量结构与产业需求适宜性提高,棉花生产发展新动能支撑力和棉花产业竞争力逐步稳定适度提高[4]。

五、我省稳定棉花生产发展与推进棉花产业振兴的思路和措施

从 20 个世纪 80 年代末到 21 世纪初,我国棉花生产经由种子过量式稀硫酸脱绒包衣处理技术、地膜覆盖精播技术、转基因抗虫棉技术(包括重大高新技术棉花品种的选育成功及更新换代普及,鲁棉 1 号、33B、中棉所 12、鲁棉研 15、鲁棉研 28 的技术稳定突破性育成普及)等不同时期重大科技的突破性进展,强力引导我省植棉业

态的开拓更新升级，棉花生产保持了大致 20 年产业高速扩张期和 10 年产业成熟期后，棉花产业技术惯性较为平淡、结构僵化、重大技术集成更新缓慢，传统植棉业处于衰退态势，棉花产业竞争力下降。

棉花产业是集合概念。从棉花供给角度看，棉花产业是以社会分工为基础，使用相同原材料、相同农艺工艺技术、在相同价值链上生产具有替代关系的产品或服务的经济活动集合；从棉花需求角度看，棉花产业是在产品和劳务的生产和经营上具有某些相同特征的企业或单位及其活动的集合。

棉花生产发展是棉花产业振兴的基础和前提，按照打造乡村振兴齐鲁样板的总体决策部署，强化生产发展支撑的现代棉花生产体系构建规划及政策导向，加快构建现代棉花产业体系、培育壮大经营体系。

总体思路是，贯彻新发展理念，加快我省棉花生产绿色高效高质量发展方式转变，以棉花供给侧结构性改革为主线，围绕棉花一、二、三产业融合发展和棉、粮、经、饲结构调整优化总体布局，聚集要素整合，聚焦组织创新，聚焦重大生物技术创新和集成技术突破及技术扩散，聚焦棉花全产业链式发展和发展产业集群，注重大规模定制的棉花适度规模化专业生产运营模式[5]，转换新旧动能，形成棉花产业竞争力生产能力，建立有高度国际竞争力的山东棉花高质量品牌棉花供给体系和产业融合高效运行体制机制，实现新时代山东棉花产业振兴。

棉花产业振兴主要内在含义。一是棉花技术创新动力能力潜力强、技术更新持续升级，产业素质和技术成熟稳定、生产农艺工艺技术标准化程度高，平均成本不断下降导致在国民经济和整个产业结构中的地位和作用不断增强，劳动生产率、全要素生产率和就业率高。二是市场集中度、产业关联度适宜、产需契合旺盛，产业创新及盈利能力的内生驱动力强，产业收入弹性稳定性强。三是棉花产业市场结构合理、市场绩效较高，产业效率和社会性相统一。

我省棉花振兴发展的主要措施。加强结构转换、产业重组、绿色发展、品牌推进，提高产业链水平，注重重大技术突破与集成创新和规模效应，形成竞争优势，培植棉花产业集群。

棉花产业发展战略重点。稳定强固 400 万亩棉花生产保护区的基础产能，构建棉花产业有机统一的三个集成体系，加快棉花全产业链融合发展机制，推进建设棉花产业园区并形成产业集群规模经济体系高效运行架构[6]。

围绕上述基本思路，重点做好以下工作。

（一）根据全省 400 万亩棉花生产保护区规划，全面改善夯实全省保护区棉田生产基础设施，确保棉花产能稳定，保障基础条件

加强调研棉花生产保护区支撑体系建设，规范夯实生产基础设施建设，提高耕地质量保护，激励棉花产业重大高新技术突破和集成技术创新、产业创新，扩大对外合作，健全棉花生产社会化服务体系，培育壮大稳定新型棉花经营主体。

实施鲁北、鲁西北棉花生产保护区传统植棉大县区的集中连片低产棉田耕地质量提升工程，进行土壤整治、完善灌排水利电力工程设施、耕地质量保护。棉花生产保护区集中连片的村镇重点建设、植棉小农户急需的通田到地末级灌溉渠道、机耕生产道路、农业面源污染治理等设施。建立合理棉花耕作制度体系，防止棉田土壤污染、养分流失、土壤肥力下降等。

（二）加强提升棉花生产物质装备能力配套，加快研发适宜农机机型，加快棉花生产全程机械化进程和智能化进度

提高我国现行农村基本经营制度下的棉花生产全程机械化作业率，是应对内地棉区生产成本提高的关键。实现棉花生产耕种管收、植保统防统治、农机作业机型技术标准的社会化服务体系与土地经营规模适度化模式的装备衔接配套，开展物化投入绿色高效、产销衔接电子商务即时服务、产业运行智能管理流程试验示范推广。

（三）通过植棉业重大技术突破和充分运用高新技术集成进行改造和武装，重新配置棉花产业活力要素，实现并保持棉花新的产业成长成熟周期

科技创新、技术进步是产业强盛的根本，产业创新是产业发展不竭动力。

要加大现代生物技术、机械技术、信息技术、数字技术、产业技术、工程技术、产业技术前沿跟踪的实践应用研究和引进，全面引发诱导传统植棉业要素更新和产业升级，抑制棉花生产萎缩、产业衰退，推进全局性的产业高度化、合理化的新产业周期的高技术化、生态化循环。

1. 构建棉花高技术产业发展的产学研深度融合公共服务平台

在全省棉花生产保护区产业集聚重点产区，配套建立地方优势产区生产生态与产业融合技术综合试验站，发挥辐射效应。规划建设（重组）市场高效的省、市、县三级配套的棉花良种育繁推体系及种质资源基地、宜纺或可纺性棉花新优品种与农艺技术展示区。强化构建棉花纺织加工重组优化的新产业推动棉花新型经营主体培育壮大产业支持引领工程，培育棉业科技创新型企业、棉花生产合作社，支持符合条件的棉花企业组织牵头承担技术合作创新项目。

2. 开展棉花优质专用新品种及配套技术集成攻关与集成技术示范

加大棉花生产体系标准化的产业融合支撑的农艺、工艺、工程、农机、信息关键技术联合攻关，在品种布局、熟制调整、棉作制度、简化栽培、绿色统防、规模化机械化配套和农机农艺融合全程作业等方面，集成绿色高效高质生产新技术和新模式，提升农民规模化、专业化植棉科技水平。

要关注质量数据在培育棉花品种、改善植棉农艺、匹配生产工艺中技术衔接协调，运用高新技术提升棉花供给质量。加大对适度规模化的中小型采棉机配套的棉花品种选育、农艺管理、机采摘技术、纺织加工工艺方面的统筹研发力度，深入研究中小机型的内地棉花机采棉相关技术质量指标，使机采棉与手摘棉分别契合纺纱结构需求。

强化现代棉业发展的前沿技术，边际边缘技术领域和科技高点、高位、高端创新的支撑研究，建立以棉花产业资本实体为主的现代棉花产业。侧重应用技术的创新体系、多元化推广服务体系融合体制机制，保持棉花产业创新发展能力，使棉业新兴主导产品开发能力长居"卖方市场"的更新升级版商品系列化地位，确保棉花生产供给端的就业创业率和收入水平。支持现代工业设备、纺织加工业技术、生物与信息技术等最优化成果不断融汇到棉花生产中，实现新机具和生产技术的集成配套和农机农艺融合、农机化信息化融合。

（四）提高棉花产业素质，优化棉花区域生产结构；提高产业效率，建立现代棉花生产体系、经营体系，重构现代棉花产业体系

棉花产业素质，是指棉花产业系统的质量情况，是决定棉花产业系统整体功能的主要依据。棉花产业素质主要描述棉花产业间的技术水平联系与断层、劳动生产率的比较与反差情况。

植棉业（一产）与纺织服装业（二产）出现技术断层和劳动生产率巨大反差，致使棉花产业素质低，棉花产业竞争力后劲不足。以棉花全产业链式、集群式发展进行产业创新，造就新型经营主体和服务主体，改造提升生产体系，加快实现棉花供给侧结构性改革目标任务，建立产、学、研、用一体化的科技创新体制，优化棉花产业体系。

1. 全面科学规划棉花生产保护区棉花生产结构布局

地方棉花区域的生产结构的非标、散乱是棉花产业链条割裂的内因，棉花生产结构的优化重组，是棉花产业振兴的技术基础和必然要求。优化棉花技术关联的各产业构成比例，一是生产结构，棉花与技术关联作物互作生态稳定性构成比例；二是产品结构，主要

是棉花生产的早、中、晚熟不同产品之间的组成比例；三是品种结构，主要表现为同一季节生产出的产品中不同品种之间的比例关系。

加速推进棉花生产适应消费市场质量结构需求的生产方式的制度性转变，建立棉花生产保护区高质量生产和产销直接衔接的棉花生产组织机制。

特别是以棉花生产保护区规划为基础，全面优化全省传统棉花生产区域结构，实现棉花纺织工业的棉花需求完全订单式生产，全面优化地方农业产区棉、粮、经、饲种植结构，同步提高棉花产业综合效益、生态效益，形成植棉业新模式、新业态。

优化棉花品种结构，促进棉花生产品质与遗传品质的相一致，要调优生产方式及棉作制度，实现棉花遗传品质、生产品质、农艺性状契合适纺工艺，加快推广全省棉花绿色高效高质生产技术规程。

大力促进棉花生产结构优化升级，发展高品质棉、高效旱作棉、优质短季棉、天然彩色棉、区域有机棉，推进标准化、规模化、专业化、品牌化生产。

2. 提高产业效率，重构三个现代棉花有机合成体系

生产体系，即生产能力建设提升，生产条件和技术的完善程度，生产力支撑；产业体系，产业组分有机化程度与比例的合理性，产业链条的完善及分工协调功能相互作用，产业融合与横向兼容；经营体系，经营者的有机组分与合理组成，主要是人力资源的资本化能力结构支撑度。

（1）建立优化棉花生产体系，提升生产效率。现代棉花生产体系中的两大问题是经营主体问题和适度规模经营问题。加强调研植棉业劳动生产率和全要素生产率提升的关键途径条件。

根据我省棉花生产的自然资源、产业资本、技术熟化的密集程度，深入调研"美棉""澳棉"和"以色列棉"品牌模式生产体系，对接国内先进的棉花消费端，提升全产业链价值。

在棉花产业集聚生产主产市、县、区，引导国际化棉花纺织企业棉花 400 型的棉纺加工一体化运营体系优化重组，加强"一带一路"棉花产业经济合作。推进现代棉花产业园区、中外棉花业合作园区，"美棉""澳棉""以色列棉"三大国际棉花品牌的鲁棉属地化技术标准模式生产体系试验规划建设。

通过棉花产业规划政策、财政金融政策创设，引导棉花二、三产业资本建设可纺性高商品棉花生产专用基地，建设棉花种业应用技术研发中心或农艺工艺技术融合创新平台，支持棉花产业资本组建棉花生产社会化服务组织体系。鼓励棉花纺织产业资本延伸产业链，打造棉花规模化、专业化经营的示范带动型主体。

加强启动黄河三角洲地区优质专用棉花生产示范基地建设规划调研。通过黄河三角洲地区集中连片地大规模整治土地，配套适宜棉田水利设施和物质装备，推进黄河水灌区续建及节水技术改造与现代棉花产业工程技术体系建设。加快建设黄河三角洲地区"一带一品一产"优质棉花产业带建设，形成内地棉区特大型标准化棉花产地市场公用品牌。

（2）重构现代棉花产业体系。实现棉花产业横向拓展和纵向延伸的有机统一，棉花资源要素更新重置。现代棉花产业体系是棉花供给效率、棉花产业素质和竞争力协调统一的重要标志。

拓展棉、粮、经、饲产业协调生态互补效应，提高相关技术连接架构。促进产业融合发展，调优做强一产、优化重组棉业二产（即纺织业并购重组，加工业优化工艺技术标准）、健全壮大三产，强化一产对二产的质量产能支撑，提高棉花全产业链整体化收益。一是棉花产业链延伸到植棉业端，带动转变传统植棉业并打通增值空间，保障棉花供应链高质量产能，通过棉花品牌塑造和营销创新，提高效益存量增加效益流量，提升价值链。二是横向拓展凸显棉花生产生态价值、社会化公共产品和传统棉作文化文明传承等非生产功能。充分发挥老棉区乡村特色资源、生态和文化优势，拓展棉作文明业态。

（3）培育现代棉花经营体系。棉花产业振兴的主体是政府引导的传统棉区的新型职业农民、植棉大户、棉花社会化服务组织、成长性的棉花企业。通过体制机制创新，探索"确股确利不确地"等承包权实现地多种形式和对第三方经营权的权利权能的具体赋权，为新型经营主体的形成提供制度性支撑，加快培育高素质、规模化经营新型主体和社会化服务主体，构建职业型棉花专业经营者多种效率合作模式，促进多种形式的棉花生产规模经营。要创新棉花产业合作经营形式、方式，引导新型棉花经营主体串联到棉花产业经济高效循环链接运行体系。

要认真探索我省传统棉区和棉花生产保护区农村土地利用制度改革的措施思路，利用好国家相关政策，加大鲁北、鲁北黄河三角洲地区植棉区的中低产田土地集中连片的整治力度，并优先承包给新型棉花经营主体和棉花产业资本，大规模推进棉花专业化生产、规模化发展、品牌化经营，提高全程机械化作业区，提高劳动生产率、土地利用效率、全要素生产率。

发展棉花新型社会化服务业体系。支持供销社、农业服务企业、农民合作社等开展多元推广、土地托管、代耕代种、统防统治、烘干收储等棉花生产性服务。

研究引导发展"数字棉业"，推进全省棉花全产业链大数据平台建设。建立信息化植棉业社会化服务体系，发展电商产销链接直营业态，依托"互联网＋"推动棉花产业经济通过社会化服务和公共服务向棉花种植生产层面全面拓展并入，使分散的小农户经济和分散的村落棉花自营经济直接对接外部市场。

（五）加快研究国内外植棉业生产技术规程试验（实验），总结推广形成植棉新技术、新模式，加大优质短季棉和棉花副产品综合科学利用研发力度，开拓形成棉花生产新业态

技术、知识、信息、数据是当今经济社会发展的新生产要素，新技术、新产业、新模式、新业态是推动新时代棉花产业振兴的强大动能。

结合我省鲁北土地禀赋，传统一熟棉区、鲁西北黄河故道一熟

两熟混作棉区、鲁西南生态高效棉区的光热水土气候和社会经济状况，科学试验总结"美棉""澳棉""以色列棉"三大国际棉花品牌的技术标准与种植方式、管理模式，推进试验（实验）植棉新模式，启动地方适宜区域属地化生产替代进口技术工程战略。

棉花是集粮棉油蛋白、食用油、纤维综合产品为一体，高效抗逆性作物，通常棉花纤维占 40% 左右、棉籽占 60% 左右。目前每亩棉花棉籽蛋白和食用油脂产量与大豆产出基本持平，棉酚被用作医药原料，其营养不亚于大豆蛋白和花生油。因此进行光热适宜地区小麦间作棉花或麦后轮作优质早熟棉（短季棉）种植 1 000 亩棉花，相当于净增加 600 亩大豆种植规模，生态效益、比较收益非常可观。综合分析，在我省鲁南、鲁西南区域，加快麦棉轮作种植制度更新试验示范，积极发展优质短季棉，突破传统植棉新业态，研究总结推进粮棉"双安"高效产业发展替代大豆进口重大技术工程战略，是一项农业种植制度调整优化的重大技术工程。

加强棉花生产、生态结合是棉花绿色高效高质生产的有效技术途径，总结示范推广鲁西北黄河故道耕作区棉花间作花生（4×4）"双花"生态互作高效种植模式，减少氮肥使用，轮作换茬，提高棉作质量，节本增效，推广棉花绿色高效高质产业模式。

加强黄河三角洲边际盐碱地植棉业土地改良有机质提升重大技术工程，推广棉花轮作小黑麦、棉花间作高粱、棉花间作大豆，同步进行棉秆还田，拓展植棉新产业。

加强棉花副产品重大技术创新应用研究，开发棉花副产品精深加工，实现棉籽油高档食用油商品化、棉籽仁蛋白高质食品与蛋白饲料产业化、棉酚医药高科技化、棉秆木板与生物肥料化、棉籽壳食药用菌循环基源化，拉长产业链，提高副产品主导产业水平，开拓植棉新业态棉业支撑工程。

（六）加强棉花生产稳定和产业发展的新要素支撑政策支持调研

据有关棉花产业综合分析，我国棉花制成品商品市场内需消费棉花基本稳定在消费总量的 60%，棉花产业安全需要保持自有产能 65% 的自给率。与此同时，我省 2018 年棉花产量仅为 21.7 万吨，棉花域外棉依存度已达 92% 以上，从棉花质量结构供需适纺商品性价比实际情况看，本省企业消费对域外棉依存度几乎达 100%。

我省棉花资源的对外高依存度意味着高脆弱性，对外依存度高，一方面在经济领域增加了棉花产业经济发展的成本，另一方面也透视着棉花产业经济运行安全的隐忧。

2008 年以来，棉花与粮食相比生产性政策支持少，棉花生产政策扶持主要源于国家财政补贴。

我国内地棉花补贴标准与新疆棉花目标价格改革政策差别较大，2017 年内地棉花补贴与新疆目标价格补贴之比为 2 000÷(18 600−15 800)＝71%。

山东除了 2014 年棉花补贴标准 235 元/亩后，以后年均按 150 元/亩补贴，山东棉花补贴与其他产棉地区棉花补贴差别较大。

地方财政对棉花生产稳定和技术进步的引导十分有限，棉花供需结构质量、数量严重失衡。

加强棉花生产发展支持保护政策体系改革完善和产业升级的宏观调控政策调研，重点是围绕棉花生产发展与棉花产业高效运行机制的再造式优化构建，棉花生产保护区的功能支撑体系配套建设，棉花传统生产要素的支撑力与新生产要素的流入机制强化，建立完善我省棉花支持保护制度。按照优化存量、提高效能的原则，稳定棉花高质产能基础建设，支持构建棉花高质高效产能供给保障体制，确保棉花生产质量产量和保障生产者效益的机制政策，构建棉花全产业协调支撑高效运行机制。

根据 2018 年财政部、农业农村部文件通知精神和我省地方棉花生产实际和产业发展，积极调整"黄箱"政策内容，扩大"绿箱"政策供给，推进调整地方因地制宜地改革棉花补贴机制，强化市场导向、生产导向，聚合形成绿色高效高质棉花生产体系导向，推进棉花产业融合，全面优化棉花生产结构、品种结构和棉、粮、经、饲产业生态融合结构，创新棉作制度技术模式，构建新型棉花补贴政策体系[7]。

围绕我省打造乡村振兴齐鲁样板总体部署，以深入推进棉花供给侧结构性改革为主线，按照提高植棉效率、稳定增加植棉业者收入、全面发展完善棉花社会化服务体系、建立山东绿色高质高效棉花生产品牌供给体系的产业振兴内涵，构建我省400万亩棉花生产保护区高质基础棉花产能支撑体系。重点改善棉花生产保护区生产基础设施条件，提升棉田素质，保障棉花基础产能；加快棉花生产结构调整和技术进步；引进金融创新模式，全面推广棉花目标价格保险，稳定植棉增收；加快规模化、机械化、社会化服务的区域化生产集中统一，实现棉花生产高质稳定发展，加速推进棉花产业振兴。

（七）加强棉花生产发展和棉花产业公共服务体系建设组织保障调研

棉花生产发展和棉花产业振兴是两个不同的基础和过程因果关联。我省传统棉区和老棉区基本处于交通、通信落后和新生产要素薄弱的地区。棉花生产发展是棉花产业振兴的前提，产业振兴是人力资源集聚的平台，生态环境社会有效治理是人力资本形成的软驱内核，要建立棉花生产发展与现代产业资本、科技创新、金融支持、人力资本协调融合的棉花产业格局。

首先做好深入系统调研，做好科学规划。要根据我省不同生态棉区生产区域特点、棉业要素禀赋和集聚度，科学编制系统的棉花生产发展产业振兴规划，明确战略方针、生产发展基础设施完善配套措施、主要目标、重点任务（包括前沿带动作用的先导因素和制约全局发展的薄弱环节）、阶段步骤和对策保障，为我省棉花生产发展和产业振兴引领导航。

新时代山东棉花产业振兴是个系统工程，全省棉花生产保护区相关基层党组织是棉花生产发展产业振兴的政策落实实践组织主体。要坚持党的领导，加强棉花生产和产业发展的公共服务体系配套完善，加强党建引领产业发展，带动当地棉花产业提升拓展就业创业点线层面，我省棉花产业将再现辉煌。

参考文献

[1] 白岩，王桂峰，董文全，等．基于"两河流域"棉区变迁分析的棉花生产发展研究［J］．中国棉花，2018，45（5）：1-3，35.

[2] 山东省统计局，国家统计局山东调查总队．山东省统计年鉴［M］．北京：中国统计出版社，283.

[3] 山东省人民政府办公厅．关于做好粮食生产功能区和重要农产品生产保护区划定工作的实施意见（鲁政办发〔2017〕83 号）［EB/OL］．www. lyls. gov. cn/info/2331/85442. htm，2018-04-10.

[4] 国务院．关于促进乡村产业振兴的指导意见［R］．2019 年 06 月 28 日．

[5] 高志刚．产业经济学［M］．北京：中国人民大学出版社，2016：98.

[6] 王桂峰，孙玮琪，魏学文，等．山东棉花发展新旧动能转换基本途径研究［J］．农场经济管理，2019，276：40-46.

[7] 王桂峰，徐勤青，张少红，等．关于调整完善山东省棉花补贴机制的建议［J］．中国棉花，2019，46（4）：7-9.

发挥优势，补齐短板，强力推动
棉花产业振兴

中共金乡县委副书记　金乡县人民政府县长　郑士民

金乡县位于山东省西南部，隶属孔孟之乡济宁市，总面积886平方千米，人口65万人，耕地面积94万亩，是驰名中外的中国大蒜之乡、诚信之乡、长寿之乡。金乡县还是黄淮流域棉区的产棉大县，常年种植面积50万亩左右，划定棉花生产保护区35万亩，全县共有棉花加工企业18家，产业体系较为完善，有力促进了农业增效、农民增收和农村经济的繁荣，推动了乡村产业振兴，先后被命名为全国优质棉生产基地县、全国棉花轻简育苗移栽技术示范县，连续五年获得"山东省棉花生产先进单位"称号。

一、振兴棉花产业发展思路和做法

金乡植棉历史悠久，棉农经验丰富，主要以抗虫杂交棉育苗移栽为主，逐步形成了一套具有金乡特色的蒜套棉标准化栽培技术体系。

一是开展棉花新品种试验示范。依托省农业农村厅挂牌的"山东省农作物品种区域试验站"，先后引进推广了鲁棉研15、鲁棉研24、瑞杂818、中棉所99等30余个抗虫杂交棉品种，覆盖率达到99％以上。

二是推广棉花轻简化种植技术。先后引进、应用纸钵育苗、基质穴盘育苗等多种育苗移栽方式，并采用合理密植、配方施肥、飞防等轻简种植技术，节约了生产成本，既提高了植棉效益，又保护了农业生态环境，有力促进了棉花产业的绿色发展。

三是创新棉花种植模式。重点推广了"大蒜—西瓜—棉花""大蒜—甜瓜—棉花""大蒜—菠菜—西瓜—棉花"等多种三种三收、四种四收种植模式，增加了棉田周年种植效益，2018年亩均产值达到13 000元以上，提高了棉农的植棉积极性。在蒜棉套作模式基础上，逐步试验示范短季棉蒜后直播技术，在大蒜收获后直接进行棉花机械播种，省去了育苗等多个环节，节约了劳动成本，加快了机械化进程。

四是发挥政策保障作用。金乡县委、县政府高度重视棉花产业发展工作，专门成立了棉花产业发展管理办公室，严格落实棉花目标价格补贴、棉花种植保险等惠农政策，保障了棉农收益，有效稳定了棉花种植面积。棉花目标价格补贴（每亩150元，次年发放补贴）方面，2014年至2018年，落实补贴面积193.1万亩，发放补贴资金3.37亿元。政策性棉花种植保险（每亩保费30元，最高理赔金额500元）方面，2012年至2018年落实保险面积315.2万亩，理赔资金达0.25亿元。

二、下一步棉花产业发展切入点

近年来，金乡县深入推进棉花供给侧结构性改革，积极开展技术创新、成果转化、推进"三产"融合发展，加快棉花产业向绿色、高产、高效生产方式转变，不断提升棉业的核心竞争力，加速棉花产业振兴。

一是打造国家棉花产业联盟（CCIA）生产基地。2019年8月，金乡县与中棉所签订了《共建CCIA棉花生产基地战略合作协议》，金乡县将以此为契机，严格按照联盟要求，高标准建设CCIA金乡县棉花生产基地，引入中棉所641和中棉所96等高端品种，对照CCIA《棉花生产技术指南》和《棉花加工技术指南》，指导高品质棉花的绿色化、清洁化栽培，推进优质棉"闭环运作"、订单产销模式，有效解决棉花品种多乱杂、混收混晒及优质不优价等问题，充分满足后端企业需求。

二是探索建立鲁西南（金乡）棉花产业技术综合平台。规划建设院士工作站、农艺工艺融合实验室、棉菜经作生态试验区、职业技术培训基地、四情监测站等一系列科研推广平台，建立产学研结合、育繁推一体的综合产业技术体系，提升棉花品质、产量、效益，建设现代棉花生产体系、经营体系、产业体系，全面带动鲁西南棉区棉业可持续发展。

三是积极创建经营新模式。探索"党支部＋合作社"，不断深化完善农民专业合作、供销合作、信用合作"三位一体"的合作经济路径，努力把农业生产、流通、金融等服务有机结合起来，开展土地托管、订单生产、集中运输、信用互助等综合性服务。实施品牌创建，充分利用棉花产业联盟的优势资源，对接大型棉花贸易、加工企业，拓宽销售渠道，增加农民收入。

四是强化政策支持。依托 35 万亩棉花生产保护区，统筹整合各类涉农资金，加强保护区内的骨干水利工程和中小型农田水利设施建设，改造提升老棉区、老基地的各项基础设施，力争到 2022 年保护区内耕地全部建成集中连片、旱涝保收、稳产高产、生态友好的高标准农田。创新金融支持政策，深化小额贷款保证保险试点，优先在保护区内探索农产品价格和收入保险试点，推动保护区农业保险全覆盖。加大新型经营主体培育力度，重点发展多种形式的适度规模经营，着力深化基层农技推广机构改革，健全农业社会化服务体系，增强保护区可持续发展能力。

高点定位　强基提质
全面构建夏津新型棉花产业发展体系

夏津县人民政府县长　高善玉

夏津县辖 15 个乡镇（街道、开发区、旅游区），314 个社区（村），人口 54 万人，耕地 90 万亩。夏津县植棉历史悠久，植棉面积最高占全县耕地面积的 77%，是黄河流域植棉面积最大的县级单位之一，皮棉总产稳居全国棉花生产百强县，素有"银夏津"之称。依托棉花资源优势，夏津县棉纺织、服装加工、植物油产业不断发展壮大。全县涉棉企业 141 家，棉纺规模 220 万纱锭，年产纱线 40 万吨，生产布匹 9 000 万米，棉籽油加工能力 120 万吨。已形成种植、纺织、服装及副产品利用为一体的产业体系。先后获得"全国优质棉生产基地县""中国棉纺织名城""纺织产业集群创新发展示范区""山东省优质纱线生产基地"等荣誉称号。

为助力乡村振兴，擦亮"银夏津"品牌，防止植棉效益徘徊不前，2018 年以来，我县以"棉花绿色高质高效示范项目基地"创建为契机，承接扶持政策，推广棉花保险，应用新技术，稳植棉、稳价格、稳增收，2019 年植棉面积恢复至 17.5 万亩，棉花绿色高质高效项目区较大田亩增产皮棉 12 千克，辐射带动全县棉花较往年亩增产皮棉 6%。我们主要做了四个方面工作。

一、高点引领，搭建合力推进机制

我们把银棉产业提升作为乡村振兴主导产业来抓，顶层设计、高端规划，明确"三化两体系"发展思路，即：区域化布局、标准化生产、品牌化经营；打造高质量棉花供给体系和高效益产业融合体系。①坚持政府主导。成立了夏津棉花高产创建领导小组，专人、专业、专班抓，编制夏津县《棉花现代产业园区建设规划》《棉花良种繁育基地建设规划》，将品质棉花项目纳入乡村振兴重大项目库，力争用3~5年时间建成20万亩棉花生产基地、纺织产业集群、大宗棉花周转储备和期货交易等功能于一体的棉花产业园区。②坚持部门协作。县农业农村部门、财政部门、水利部门、科技部门等部门，科学划定20万亩棉花生产保护区，整合高标准农田、小型农田水利工程、土地整理等项目，重点提升棉田基建、优化服务、配套联动，助力绿色高质高效棉花生产。③坚持多种经营主体共同参与。以宋楼镇棉纺织企业联盟为龙头，探索"棉纺织＋棉花加工＋种植基地＋"模式，发展订单生产10万亩，推进"产供销"一体化发展；以新盛店镇棉花绿色高质高效示范基地为载体，支持新型经营主体规模化、标准化生产管理；以北城街道优质专用棉花优势区为抓手，发展"合作社＋基地＋"模式，创新棉田托管、半托管办法，推进专业化服务，探索棉花生产全程社会化服务试点。

二、融合三产，提升"银棉"发展质量

把棉花供给侧改革作为拉动棉花产业的主动力，突出三产联动，优化供应链、拉伸产业链、提高价值链，打造集棉花种植、纺纱、织布、制衣、流通于一体的全链条经营体系，让农民分享到全产业链的增值收益。①绿色高效的棉花品质更优。引进推广高品质（双30品种）、易管理并适宜机械化生产的新品种，优化品种布局，实施轻简化栽培，提高棉花全程机械化水平，提高品质，降低成本。争创"一乡一业"棉花产业强镇、"一村一品"棉花种植村、3万亩国家级棉花良种繁育基地。②棉纺产业集群更强。制定了夏津县《关于加快新旧动能转换促进工业经济发展的实施意见》，建设了智慧纺织产业园，支持棉纺企业转型升级，上新压旧、动能转换，2018 年以来替换了 28 万枚纱锭，引进中粮知年高档家纺项目，费特制衣、中绵针织更是平稳出口，全县涉棉企业税收贡献占工业税收的三成以上，实现了华丽转身。③涉棉流通更活。立足"两省三市五县"交界区位，放大德上、青银两条高速交汇通联优势，支持粮棉油大宗商品快速流通，物流企业发展到 200 家，注册重型车辆 3 000 余辆；以新盛银通、乾元易农为代表仓储企业 40 家，仓储面积达 100 万平方米。"四通一达""菜鸟物流"和农村淘宝等 10 家物流企业迅速发展，县、乡、村三级物流体系更加完善，打通了粮棉油大宗物资交易最后一公里，促进棉花产业做大做强。

三、科技支撑，增强棉花产业内生动力

借智借力中国农业科学院棉花研究所、山东农业大学、山东棉花研究中心等棉花科研教学推广单位，以棉花专家为技术依托，抽调县乡农技、土肥、植保、种子等技术骨干，成立绿色高质高效创建技术指导组，组织大型培训 40 余场 4 000 人次。①全方位普及绿色高质高效技术。重点推进秸秆还田、测土配肥、深耕深松等棉田地力提升；病虫害统防统治、"四情监测""智能水肥一体化""两花双熟""麦棉双熟"等智慧棉花生产管理推广。②全领域深化产学研合作。100 余家涉棉企业与东华大学等 50 所高校建立合作关系。与俞建勇院士、喻树迅院士分别合作，开发"抗菌亚微米棉纤维项目"和"优质棉种质资源创新项目"。做到了"农田有技术骨干，产业有技术专家"。建设了棉花博物馆，弘扬植棉文化，传承纺棉技艺，展现棉纺创新成果和发展方向，提升产业认知度。

四、资金保障，助力棉花产业振兴

以国家加大农业基础设施建设力度为契机，将支农项目资金和地方配套资金向棉花生产重点区倾斜，改善和提高棉花生产条件和

装备水平。①整合涉农资金。将高标准农田、良种补贴、测土施肥、科技培训等项目资金进行分类梳理，整合使用，集中用于新盛店镇、北城街道等棉花主产区基础设施建设。三年来，累计整合资金亿元以上，棉花高产创建生产条件得到全面改善。②落实"两项补贴"。我县以列入"棉花保险"首批试点为契机，用足用好棉花目标价格补贴保险和棉花生产者直接补贴的政策，降低棉花市场风险，保障棉农收益，稳定棉花生产，撬动群众植棉热情。2018年棉花生产者直接补贴150元/亩，共补贴1 962万元；2019年棉花目标价格保险费120元/亩，共补贴2 100万元，各类普惠资金足额发放到棉农"齐鲁惠民一本通"。

为提升棉花综合生产能力，我县将以"调优结构、主攻单产、改善品质、提高效益"为总体要求，继续加大棉花绿色高质高效创建工作力度，创新机制、强化投入、加强管理、优化服务，全力推进全县棉花均衡增产，农民持续稳定增收，棉花产业健康持续发展。

菏泽市棉花生产现状及今后发展方向

许向阳

菏泽市经济作物站

菏泽市棉花产业发展紧紧围绕全市农业、农村工作要点，立足"棉花产业提质增效"，以项目带动棉花产业发展，大力实施棉花绿色高质战略，全力推进棉花基地建设，积极开展棉花绿色轻简化技术培训，提高棉农种植技术，棉花产业发展逐步趋于稳定。

一、菏泽市近 5 年棉花生产情况

近 5 年棉花面积与产量情况统计表

年份	播种面积（万亩）	总产量（万吨）	单产（千克/亩）
2014	194.53	17.64	90.7
2015	180.01	16.76	93.1
2016	134.09	13.13	98.0
2017	128.42	12.6	98.0
2018	93.08	8.33	89.5

近 5 年来，菏泽市棉花面积处于下降趋势，2014—2017 年，棉花单产逐步提高，2018 年受自然灾害影响，棉花单产略降；5 年间，由于植棉面积逐年减少，总产不断减少。2014—2018 年，植棉面积下降 101.45 万亩，而规模化、集中连片植棉区域主要集中在巨野、成武、单县等大蒜面积种植较多的区域，菏泽市全市棉花

种植面积已经降低到了 90 万亩左右。从农业农村部门调查的农情信息来看，2019 年棉花面积仍维持在 90 万亩左右的水平。

二、当前棉花产业发展存在的矛盾和问题

（一）植棉用工较多，劳动强度大

随着务工人员劳动力价格不断提高，农村劳动力宁愿外出打工，也不愿在家种植棉花；植棉劳动强度大，也进一步降低了农民种植棉花的积极性。菏泽市植棉机械化程度非常低，植棉用工多，每亩达到 15 个左右，且棉花生产用工主要集中在高温高湿的 7 月、8 月等月份，每天劳作时间长，劳动强度大。

（二）单产水平提高难度大

目前，市、县、乡棉技推广部门，虽然通过农业部棉花高产创建、棉花绿色高质高效创建等项目，组织棉农参加了棉花轻简化技术、棉花绿色生产技术、棉花减肥减药等植棉新技术培训，但是受棉花种质特性影响，棉花品种没有大的突破，加之棉农年龄偏大，文化层次较低，接受新技术的能力较差。多重因素叠加，制约了棉花单产水平的进一步提高。

（三）棉花种植模式相对单一

菏泽市棉花生产模式主要有：蒜套棉、瓜套棉和麦套棉三种种植模式。相对稳定的蒜棉套种模式，棉花种植面积受不同年份间大蒜价格波动的影响，棉花面积也随之波动。随着 2016—2018 年，农业部棉花绿色高产创建项目、棉花绿色高质高效创建项目在巨野、成武两县的实施，棉花—辣椒间作，棉花—花生间作等模式得以示范推广。

（四）自然灾害影响较大

棉花在田间生长时间较长，受极端天气的影响较大，或是涝灾

或是旱灾、雹灾，都影响棉花产量，降低棉农的收益，进一步影响棉花生产。

（五）植棉价格巨幅波动，植棉成本高，植棉比较效益低

2010 年郑州商品交易所棉花主力合约期货价格最高达到 34 870元/吨，2016 年最低只有 9 890 元/吨，2019 年最高达到 16 225元/吨，受中美贸易摩擦影响，最低只有11 970元/吨，棉花价格的巨幅波动，让棉农无所适从，一定程度上影响了农户种植棉花的积极性。目前，植棉没有种小麦玉米效益好，更没有种辣椒、豆角等蔬菜效益高。受效益驱动影响，棉花种植面积持续下降。

（六）棉花产加销产业化链条脱节严重

棉花产业体制改革以后，棉花整个产业链管理部门多，生产、加工、棉纺织、服装等整个棉花产业链条缺少有效沟通，各自为政，棉农作为棉花生产的第一环节，话语权少，普遍存在只重产量不注重品质的行为，从而导致产业链终端竞相进口国外优质棉的现象。

三、菏泽市棉花产业发展方向

（一）加大棉花生产新技术推广力度，提高棉花生产水平

通过技术集成、加大培训力度等措施，大力推广应用棉花生产新技术，推广应用覆膜栽培、灵活化控、防止早衰、病虫害统防统治、减肥减药等棉花绿色生产新技术，提高棉花主产区的产量水平，促进棉花生产水平的提高。进一步加大科技投入，扩大示范效应，加强棉花品种、品质改良，加强棉花病虫害综合防治工程建设，降低生产成本，使棉农生产的棉花产量高、质量好、价格高，提高植棉效益，增加棉农收入，充分调动农民植棉积极性，促进棉

花产业稳定发展。

（二）推广棉花高效种植模式，增加单位产量和收益，保证棉花种植面积相对稳定

近几年来巨野、成武、单县等县区蒜棉套种效益可观，平均亩收入4 000元以上。蒜棉面积一直稳定在80万亩左右。以东明县为主的小麦—西瓜—棉花的种植模式也相对稳定。

（三）加强优质棉基地建设，加快培育新型棉花生产经营主体

加强优质棉基地建设，依靠科技优化品种结构，规范栽培技术，提高单产，降低成本，促进棉花种植效益的不断增长，提高棉花市场竞争力，按照国家农地"三权分置"的意见，通过经营权流转、股份合作、代耕代种、土地托管等多种方式，加快土地流转的步伐，加大对棉花联户经营、家庭农场、专业大户、产业龙头企业等棉花生产经营主体的政策和技术支持，为棉花生产管理规模化、标准化、机械化、集约化创造有利条件，降低棉花生产成本，提高植棉效益。

（四）改进棉花目标价格补贴政策

一是在棉花拔柴前，及时进行棉花种植面积统计，为棉花目标价格补贴政策的落实做好前期工作，及时公布补贴标准，及早发放补贴款，最大限度地发挥这项棉花补贴政策的积极作用。二是利用棉花目标价格补贴资金，引导棉农种植"双30"等高等级棉花，引导棉花轧花企业发展订单生产，达到国产优质棉替代美棉、澳棉的目标。

（五）推广轻简化栽培技术，稳定棉花生产

推广应用以轻简育苗和简化施肥为核心的棉花轻简化高效栽培技术体系。棉花工厂化轻简育苗代替传统营养钵育苗，速效肥与缓

释肥结合实现 1~2 次施肥代替速效肥多次施用，提高密度，促进集中吐絮，达到省工、节肥、增产的目的，从而提高植棉效益。逐步推广蒜（麦）后直播短季棉轻简化栽培技术，通过 5 月底至 6 月初，以机械抢时精准播种早熟棉，减免间苗定苗；合理密植、简化整枝、免整枝，并配合化学封顶或机械打顶；化控、肥控并结合脱叶催熟等技术，确保实现棉花适时适度封行、集中早吐絮。通过减少投入，提高经济效益，并为最终实现机械化采收奠定基础。

（六）藏棉于技，藏棉于地

习总书记说实现"藏粮于地"，就是要守住、管好天下粮仓，科学合理利用耕地资源。科技是农业现代化的重要支撑，粮食生产的根本出路在科技进步。当前，我国的农业发展已经到了需要更多依靠科技突破资源环境约束、实现持续稳定发展的新阶段。这是习总书记所说的要"藏粮于技"的深意。藏粮于技、藏粮于地对棉花生产同样具有指导意义，确定宜植棉区，不断加大基础设施投入，不断加强科技研究与储备，加强技术培训，对棉花生产持续发展同样十分重要。

济宁市棉花产业发展存在问题及建议

李福元　吴爱秋　杨永斌

（济宁市农业技术推广站嘉祥县农业农村局

金乡县农业农村局）

近几年济宁市的棉花种植面积整体呈下降趋势，虽然各项政策落实到位，但由于受市场和种植效益影响，棉花生产形势依然不乐观。

一、2019 年棉花生产基本情况

济宁市棉花主要分布在金乡、鱼台和嘉祥及周边的蒜（菜）套棉棉区。2019 年种植面积 44 万亩，比 2018 年的 52 万亩减少 8 万亩。亩植棉 2 110 株，平均株高 105.8 厘米，单株果枝数 14.21 个，成铃 24.32 个，幼铃 4.61 个，好于 2018 年。2019 年棉花生产有以下特点。

（一）植棉面积持续减少

据金乡、鱼台、嘉祥等棉花种植主要种植区统计，三县植棉面积 41.72 万亩，占全市棉花种植面积的 94.8%，比 2018 年减少 7.93 万亩。

（二）抗虫杂交棉种植面积大，但主栽品种不突出

据三县统计，2019 年抗虫杂交棉种植面积 39.18 万亩，占三县棉花种植面积的 97.4%；但种植棉花面积最大的 5 个品种，只

有 19.8 万亩，占抗虫杂交棉种植面积 45.1%。

（三）特殊天气影响棉花生产

7月6日冰雹造成金乡、鱼台等棉花主产区部分地块严重减产。

二、棉花产业发展存在的问题

（一）植棉比较效益低

据 2019 年初鱼台县棉办抽样调查，90 户棉农共有植棉面积 263.2 亩，平均籽棉产量 258 千克/亩，销售价格平均 6.3 元/千克，植棉亩收入 1 625.4 元。物化成本平均 360 元/亩；植棉用工平均 18.5 个，用工成本计 1 110 元/亩，合计植棉亩成本 1 478 元。植棉纯收益平均仅为 155.4 元/亩。同期种植小麦和玉米的纯收益分别为 482 元和 384 元，远远高于植棉的纯收益，而种植辣椒的效益更高，达到 3 500 元/亩。

（二）皮棉整齐度差，品质低，三丝多

"双30"品种少，品种多乱杂，收获时互相掺混，皮棉"三丝"多，品质难以满足棉纺织业需求，市场竞争力差。

（三）农村劳动力减少，老龄化严重

由于老一代农民随着年龄增大丧失劳动能力，新一代农民外出务工，农村劳动力减少；农民改种省工、机械化程度高的作物，如种植小麦、玉米、大豆等已经成为一种趋势。

（四）分散经营，机械化程度相对较低

一方面是适用于棉花种植管理的农业机械种类较少，另一方面一家一户分散经营又阻碍农业机械使用。

三、对策和建议

（一）调整完善棉花目标价格政策，改进补贴方式

山东省作为棉花纺织出口大省和仅次于新疆的产棉大省，应继续执行棉花目标价格政策，稳定棉农植棉积极性，稳定植棉面积。持续进行棉花目标价格补贴政策试点，并尽早发放。

（二）扶持植棉大户、植棉合作社，强化土地流转力度

参照对种粮大户的奖励政策，一是对植棉大户土地流转、农机具购置进行扶持、奖励。二是对棉花生产保护区和集中连片植棉区由政府买单，开展统一供种、统防统治、土地托管、代耕代种等全程化服务，解决农村劳动力不足的问题，提高农民植棉积极性。三是鼓励区域化、规模化植棉，提高棉花标准化、机械化生产程度。

（三）鼓励科技创新和技术集成推广，开展轻简化植棉

一是围绕提高植棉收益降低生产成本，加强棉花栽培育种技术的研究与推广。开展棉花生产大奖赛，以奖代补。二是开展棉花耕作制度优化示范研究，搞好以蒜（麦）后直播优质品种及栽培模式示范，推广棉—椒、棉—瓜、棉花—花生栽培模式，稳定植棉面积。三是对长期从事棉花生产、科学研究、技术推广工作，并作出突出贡献的人员进行表彰奖励，调动棉花生产和科技人员的积极性。

（四）扩大棉花灾害保险覆盖范围，提高棉农抗风险能力

进一步加大棉花生产示范基地建设投资力度，改善棉区生产条件，增强抗御自然灾害的能力。扩大棉花灾害保险覆盖范围和赔付灾项，降低农民植棉灾害损失。

（五）扶持发展棉花订单生产，打造品牌规模效益

扶持鼓励棉农（棉花种植合作社）、棉企对接进行订单生产，根据纺织企业对棉花品种的要求，统一供种。只有让棉花供给无缝对接纺织行业需求，才能减少无效供给，扩大有效供给，使棉花产业提质增效，降低中国棉花进口依存度，提升棉花产业竞争力。

（六）继续完善和扩大棉花目标价格保险政策

为充分发挥财政资金撬动作用，促进全省棉花产业高质量发展，山东省首次启动棉花目标价格保险试点工作，目的是通过运用"政府＋保险＋期货"协作推进的市场化模式，有效化解棉花市场风险，保障棉花种植收益，稳定棉花生产。但群众对新生事物往往认识不足，且新生事物本身也存在一些不完善的方面。

要解决这些问题，一是加大宣传力度，让棉农充分认知棉花目标价格保险优越性；二是搞好顶层设计，完善棉花目标价格保险政策；三是棉花目标价格保险既然是政策性保险，在大数据条件下保险公司应以微利为目的，不能追求每年都盈利。

东营市棉花生产的主要
问题及对策措施

苗兴武

东营市棉花管理站

自 2012 以来，东营市棉花生产规模一直呈下滑态势，至 2018 年棉花种植面积下降到25 266.7 公顷，比 2017 年的30 066.7 公顷减少了4 800公顷，减了 16.0％；比 2011 年190 713.3 公顷减少了165 446.7公顷，减了 86.8％。棉花生产究竟出了什么问题，以至于植棉意向连年降低，植棉规模连年减少！

一、棉花生产面临的主要问题

（一）棉花生产劳动效率低

1. 与粮食生产比较

现在，小麦、玉米生产的机械化率几乎达到 100％，小麦、玉米一年两季单位面积用工为 75 工日/公顷以内。相比而言，棉花生产的管理环节多，机械化率不足 40％，打孔、间苗、整枝、打顶、收获，这些环节还需要手工完成，单位面积用工还需 150 工日/公顷。

常年小麦单位面积产量为 7 500 千克/公顷，产值为18 000 元/公顷，物化成本为6 750元/公顷，单位面积效益为11 250 元/公顷；玉米单位面积产量为8 250 kg/公顷，产值14 850元/公顷，物化成本为6 000元/公顷，单位面积效益8 850元/公顷。小麦、玉米一年两季单位面积效益20 100元/公顷，劳动效率为 268 元/天。

常年单位面积籽棉产量为3 375kg/公顷，产值为23 625元/公顷，物化成本为6 750元/公顷，单位面积效益16 875元/公顷，劳动效率为112.5元/天。小麦、玉米一年两季的劳动效率是棉花生产的2.4倍。

2. 与美国棉花生产比较

2016 年美国棉花生产单位面积产值为 10 923.3 元/公顷，扣除生产性成本，单位面积效益为 5 841.3 元/公顷。美国棉花生产单位面积用工为 4.5 工日/公顷，棉花生产劳动效率为 1 298.07 元/天，是东营市棉花生产劳动效率的 11.5 倍。

（二）植棉比较效益低

以正常年份 2017 年为例，棉花单位面积籽棉产量为 3 342kg/公顷，平均籽棉价格为 7.12 元/千克，单位面积产值为 23 795.04 元/公顷。棉花生产物化成本为 5 901 元/公顷，人工机会成本为 15 000 元/公顷，（以每亩用 10 个工，每个工 100 元计），土地机会成本为 4 500 元/公顷，总成本为 25 401 元/公顷，单位面积效益为 -1 605.9 元/公顷。

小麦、玉米两季，物化成本为 12 000 元/公顷，土地机会成本为 7 500 元/公顷，人工机会成本为 7 500 元/公顷，单位面积产值为 27 000 元/公顷，总成本与产值大体相当。

（三）植棉与外出务工相矛盾，影响工资性收入

植棉不像种植小麦、玉米，需要管理的环节较多，特别是病虫害频发，需要及时观察应对。因此，从事棉花种植的农民没有时间外出打工，不能获得工资性收入。我市农村人口人均耕地仅 3 亩多，在这样的经营规模下，单纯依靠种植业，无论是植棉，还是种粮，都不可能获得社会平均收入水平，必须依靠工资性收入才能过上体面的生活。根据省统计局公布的数据，我市 2016 年农民人均可支配收入为 14 999 元，其中，工资性收入为 6 899 元，占农民人均可支配收入的 45.9%，经营性收入为 6 212 元，占农民人均可支

配收入的 41.4％。2017 年农民人均可支配收入16 252元，其中，工资性收入7 455元，占农民人均可支配收入的 45.8％；经营性收入为6 776元，占农民人均可支配收入的 41.7％。在这种情况下，除了不能外出打工的老年人，何人愿意种棉花！

（四）自然灾害多，导致棉花产量不稳，植棉风险大

近 5 年来，就有 2 个较大的灾年。一是 2015 年，前旱后涝，旱涝相加，导致棉花大幅度减产，该年平均单位面积籽棉产量为2 526千克/公顷；二是 2018 年，摩羯台风、温比亚台风带来的强降雨和大风，导致棉花大幅度减产，该年平均单位面积籽棉产量为2 272.5 千克/公顷。

（五）棉花纤维质量结构不能满足纺织工业需求

根据 2013—2015 年全国棉花公证检验数据，山东省棉花纤维上半部平均长度主要集中在 27～29 毫米，占棉花总量的 88.3％，这样的棉花只能用来纺 60 支以下的纱线；上半部平均长度≥30 毫米，可纺 60 支以上高支纱的棉花仅占棉花总量的 5.93％。不能满足纺织工业结构升级的需要。

二、主要对策措施

（一）调整棉花生产品质结构，以适应纺织工业结构升级的需要

目前，我们的棉花纤维长度主要集中在 27～29 毫米，既缺少"短、粗、强"的棉花，又缺少"长、细、强"的棉花，但主要是缺少"长、细、强"的棉花。因此，应优先选择具有中高端纤维品质的棉花品种。另外，选择的品种应兼具高产、抗逆性强、适宜轻简化栽培的特点。

提倡棉农组织起来，实行规模经营、订单生产，按订单选择棉花品种。

（二）完善推广棉花轻简化栽培技术，提高棉花生产劳动效率

生产技术应在高产的基础上趋向于简单化、机械化。这方面的重点是，推广控释肥及其应用技术，提高肥料利用率，变多次施肥为一次性基施，减少化肥施用量，减少追肥用工；提高整地质量、种子质量、播种机具的智能化水平，大力推广精准化播种技术，节省种子成本，节省间苗、定苗用工；在系统化控的基础上，推广棉花免整枝技术，减免棉花整枝用工；推广棉花病虫害生物防治与物理防治等绿色控制技术、机械化统防统治技术，减少农药施用量，减少病虫害防治用工；进一步试验研究棉花机械化采收，形成中国特色的棉花机采技术。

（三）发展棉花规模化经营，使棉农获得与从事其他生产相当的收入

植棉影响工资性收入。植棉者要想提高收入，只能以轻简化技术为支撑，实行规模经营向规模要收入。因此，鼓励棉田向植棉能手集中，大力发展棉花家庭农场。

（四）改革棉花种植制度，提高棉田利用率

随着条件的改善，逐步改变棉花单作，一年一熟的种植制度，形成"棉花—绿肥""棉花—饲草"，一年两收的种植制度。既能增加收入，又能增加冬季植被覆盖，改善冬季生态环境。

（五）积极争取国家对棉花生产的支持政策

当前，重点是全面普及棉花价格保险、棉花灾害全成本保险，减少植棉的市场风险与自然风险。

滨州市棉花生产情况、问题及对策分析

刘明云　单尚东　牛　娜　单宝强

滨州市棉花生产技术指导站

一、滨州市当前棉花生产新情况

（一）全市植棉面积进一步萎缩

2019 年全市植棉面积 32 万亩，较 2018 年 52 万亩减少 20 万亩，下滑 38%。

（二）2019 年，前旱后涝，棉花质量和产量都受到较大影响

自进入 5 月份以来，我市降雨量均偏少，气温偏高，蒸发量大，田间失墒严重，旱情严峻。同时，受今年黄河放水偏晚、流量偏小的影响，棉花不同程度出现旱情。我市棉花因旱受灾面积 29.5 万亩。因旱未能播种面积 5 万亩左右（主要集中在北部无棣、沾化等县区）。由于干旱，造成夏播棉部分死亡，面积 1 万亩左右。干旱对春棉的影响，一是植株生长缓慢，株高较往年正常年景低 20～30 厘米，果枝数量减少 3～5 台，生育期提前 5～7 天。旱情发生在棉花现蕾期，营养生长受阻，打不好丰产架子，棉花产量受到影响。二是虫情（蚜虫、盲蝽象和红蜘蛛等）较往年发生偏重，尤其是蚜虫，有的棉田仅防治蚜虫已经打 6 遍药。棉铃虫卵落卵量明显多于去年同期，由于大部分地区种植抗虫棉，没有形成明显危害。三是对棉

花品质造成一定影响。由于棉花在花铃期缺水对棉花纤维长度和马克隆值影响较大，使棉花纤维长度变短，马克隆值增大，不能作为纺高支纱的原料。四是造成减产。干旱造成我市棉花减产10%～15%左右。

受台风"利奇马"影响，我市自8月10日遭受强风暴雨，至8月13日9时全市平均降雨269毫米，除阳信县、无棣县外，其他县（市、区）均在200毫米以上，博兴县、邹平县、高新区、滨城区都超过了300毫米。其中，博兴县降水量最大，达到了384毫米，最大降雨点邹平市西董镇达到689毫米。此次台风强度大、降雨持续时间长、影响范围广，对棉花生产造成极大影响。一是台风造成大面积倒伏和严重的机械损伤。由于风力摇曳，雨水冲刷，棉株根系松动，地上部淋雨负重增加，造成棉株连片倒伏。二是台风造成蕾铃脱落增加。一方面台风的机械损伤会造成蕾铃直接脱落；另一方面台风导致的棉田积水使土壤溶氧下降，造成根系生长衰退，吸水吸肥能力降低，导致棉株生长发育受阻，蕾铃在台风过后大量脱落。使棉花上部秋桃大量减少，从而影响棉花产量。三是棉花烂铃迅速增加。由于棉株倒伏，棉株中下部果枝着地，植株间互相压盖，通风透光不良，再加上棉田湿度过大，病菌繁殖加快，烂铃数迅速上升，使僵瓣花增多，棉花品质降低。四是棉花急性生理性早枯死亡。强台风过后，棉株损伤严重，根系生理活动几乎停止，雨后阴晴急转，在高温下棉株蒸腾加剧，造成棉花体内水分严重亏缺，棉花发生不同程度的萎蔫，叶片发黄枯萎，数天后，棉花叶片干枯脱落，成片死亡，严重影响中上部棉铃的发育充实，最后因成铃少、铃重低、衣分低、品质差而减产。全市棉花受灾面积23.97万亩，其中成灾19.96万亩，其中绝收5.89万亩。这次台风将使全市棉花总产预计减幅20%～30%左右。

极端天气越来越常态化，生产、市场双重风险加大，棉农难以承受，萎缩在所难免。

二、新棉上市预测

2019 年，受中美贸易摩擦加剧和近期期货低迷等因素影响，加之台风影响，我市棉花产量和质量都有所降低，开秤价格预计在 3 元/斤左右，略低于去年 3.3～3.4 元的平均价格。部分轧花厂试探性开秤，四级棉 2.9 元/斤，三级棉 3.1 元/斤。轧花厂和棉农之间相互观望时间较长。轧花厂形成大量收购的时间会略晚于去年。

后期价格走高的可能性不大。除非发生以下三种情况之一：一是中美贸易摩擦出现缓和迹象；二是国家出台收储政策；三是有大的游资进入期货市场炒作。

三、棉花受灾及我市棉花生产下滑原因分析

(一) 主产棉区自然条件较差仍是棉田受灾的主要原因

棉花生长期长，受自然灾害影响明显。春有干旱、低温、大风，夏有洪涝、冰雹，秋有阴雨等气象灾害。近几年，棉铃虫等危害减轻，但棉盲蝽象、烟粉虱和棉红蜘蛛等次生虫害发生严重。个别年份，棉花黄枯萎病在局部地区暴发，对棉花生产带来不利影响。特别是近两年，全市连续遭遇强降雨，棉花受灾较重，品质下降，棉农收益缩水。

种植区自然条件较差仍是棉花灾害（旱、涝）形成的主要原因。纵观近几年天气规律，除 2014 年风调雨顺以外，其余年份不是旱就是涝。在我市主产棉区，几十年来，靠天吃饭的格局没有改变，用老百姓的话说就是"天收庄稼人做梦"。棉花还是相对耐旱的作物，但是极度干旱对产量也会形成影响，尤其会造成棉花马克隆值过高，纤维长度变短，影响棉花品质。

(二) 影响棉花生产的不利因素增多

1. 政策扶持弱化

耕地资源有限，粮棉争地矛盾越来越突出，棉花生产让位于粮

食生产，国家对粮食生产的补贴力度会越来越大。从国家战略层面考虑，棉花产业政策向新疆棉区倾斜，对黄河流域和长江流域棉区重视程度较差。

2. 效益难以提高

一是用工成本提高，短期内难以解决棉花用工多的矛盾，植棉效益增长缓慢；二是受自然灾害影响大，现有种植模式下，棉花生产抵御风险的能力近期内难有较大改观。

3. 机采棉难突破

受育种技术及天气影响，省工及适合机采的品种少，影响机采棉发展进程；真正实现棉花采收机械化，尚需长时间的实践探索。

四、建议和对策

滨州市作为农业大市，棉花是主要作物。棉花纺织企业是市委市府打造的四大千亿级产业集群之一，要稳定棉花面积，促进新旧动能转换，须从政策上予以支持。从目前看，要想从国家层面获得大的政策扶持困难较大。唯有立足滨州产棉大市这一条件，以习近平总书记视察山东时的重要讲话精神为指导，各部门大力支持棉花产业发展，让棉花产业发展走在前列。

（一）对策

1. 整合棉花产业融合度

整合生产、农机、科研院校等涉棉部门的目标设定、资源配置，打破部门意识，全市统一安排棉花产业发展目标、科研任务和生产规划等。

2. 以国家"两区"划定为重要机遇，与相关部门配合、密切联系

省、市、县各级财政配套扶持，宣传好"两区"划定的政策，使各级农业部门分管领导理解和认识"两区"划定的重要性、必要性，宣传好、利用好政策，以达到稳定植棉面积之目的。

（二）建议

1. 加大对三次产业融合发展好的典型的扶持力度，使其尽快壮大，发挥示范带头作用

大力发展龙头企业，培育棉花加工龙头企业，延长产业链条。通过培育本地棉花加工龙头企业，引进先进的棉花加工设备生产优质棉，带动发展高端棉纺产业集群，延长棉花产业链条，提高产业效益，带动全市棉花生产绿色高产高效发展。

2. 对运行较好的棉花种植合作社予以支持

在政策上鼓励其良性发展壮大，使其在产业发展方面发挥关键作用。积极引导和扶持棉农成立合作组织，提高组织化程度，让棉农既参与生产又参与流通，推进棉花生产健康有序发展。

3. 大力发展"统防统治"工作

通过统一适时播种、统一肥水运筹、统一病虫草害防治、统一化学调控，严格控制和降低田间管理成本和生产成本；扩大农业机械作业量，减轻农民劳动强度，提高劳动生产率，增加植棉综合效益。

4. 短季棉推广需配套合适的技术及栽培模式。

5. 盐碱地棉区推广棉花水肥一体化技术需慎重。

德州市棉花生产现状及
棉花产业振兴建议

王朝霞 1　张振兴 1　王荣江 2　李相忠 3　田殿彬 4
骆兰平 1　董瑞霞 1　李雪 3　李敏 5
（1 德州市农业保护与技术推广中心　2 德城区农业农村局
3 夏津县农业农村局　4 平原县农业农村局
5 武城县农业农村局）

摘要：本文阐述了德州市棉花生产的现状，分析了存在的主要问题，提出了完善棉花补贴政策、实现区域化种植、推广绿色增产增收技术、优化品种结构、实行专业化种植、创新棉花耕作制度等建议，为实现棉花生产提质增效提供参考。

关键词：德州市；棉花；生产现状；建议

近年来，德州市紧紧围绕农业供给侧结构性改革的要求，努力满足纺织品市场的新需求，棉花生产从主要追求提高单产向产量、品质和效益并重转变，大力推广棉花轻简化栽培和"种肥同播"技术，推广结铃集中、机械化程度高、高产易整枝的棉花优质新品种，大力开展棉花高产创建，严格落实棉花目标价格改革补贴，棉花生产实现提质增效。

一、德州市棉花生产现状

2018 年德州市棉花核定面积 22.49 万亩，皮棉单产 103.7 千克/亩，单产首次突破百千克大关，总产 2.565 万吨。夏津棉花核定面积 13.1 万亩，皮棉平均单产 112 千克/亩。

今年全市棉花播种面积 29.44 万亩，较去年增加 6.9 万亩。棉花生长前期气温较高，棉花生育进程快，六七月干旱少雨，结铃性好，4 月 15 日左右的早播棉田，后期出现棉田早衰。截至 7 月 30 日，全市平均降水量为 242.2 毫米，较去年偏少 39.9%；棉花植株较矮小，结铃性好、铃重降低。棉花开花期比常年早 5 天，据 7 月 15 日调查，平均亩株数为 4 653 株，株高 85.5 厘米，单株总铃数为 9.1 个，较常年平均多 1.6 个铃，株高比去年低 6 厘米；棉田病虫害发生程度较轻。受第九号台风"利奇马"的影响，8 月中旬，平均降水 80.6 毫米，棉花主产县为 60 毫米左右，棉花受灾较轻。吐絮期较常年早 5 天，目前光照好，温差大，利于后期吐絮。预计皮棉全市皮棉单产 100 千克左右。

二、当前棉花生产存在的主要问题

棉花生产机械化程度低，棉花价格太低，品种多、品种没有大的突破，适合高端纺织企业的优质棉面积小，混收混轧，没有实行优质优价。

三、推进棉花产业振兴工作的建议

（一）完善棉花补贴政策

按照山东省农业农村厅、山东省财政厅《关于做好棉花目标价格补贴工作的通知》进行落实，扎实有效地推进我省棉花生产高质量绿色发展，结合棉花生产保护区，重点支持产棉大县（市、区），加快构建现代棉花产业体系、生产体系、经营体系，示范引导全省棉花向轻简节本、提质增效和绿色高质量发展方式转变。

尽早公布补贴政策。应在每个生产年度前出台补贴政策，引导棉农安排生产，增强植棉信心，稳定棉花种植面积。棉花价格补贴的面积统计应在 10 月 15 日前完成，待国家补贴政策发布后，只核算金额即可。

（二）实行区域化种植，提高棉花品质一致性

加快优质高产新品种的示范推广，优化品种品质结构，强化农企合作，规模化种植，探索订单生产。棉花优势区域的县市发展棉花生产，实行区域化、规模化种植。通过试验和棉花纤维品质检测，每个县市统一采购 1～2 个棉花品种，实行统一供种，每个品种区域化种植 1 万亩以上，收获前大田取样轧花测定纤维指标，联合纺织企业试纺，实行优质优价收购。稳步提高棉花的产量和品质。大型家庭农场、棉花合作组织、高产高效项目区，率先应用优质棉花新品种、实行订单生产，为其他企业做表率。加强棉农技术培训，提高科技植棉水平，学习"澳棉"生产技术，减少"三丝"污染，引领棉花优质优价生产。

鼓励纺织企业、棉花经营企业通过与棉花生产基地签订购销合同等方式，实行棉花规模化生产，促进棉花生产和纺织工业健康发展。同时，发展订单生产还可以推动棉花科技协同创新，加快棉花新品种研发，搭建检测技术体系及研发共享平台，大力推进优质棉生产，提高棉花产业品牌水平，促进棉花绿色高产高效基地快速发展。

（三）推广棉花生产绿色增产增收技术，减少化肥和农药的用量

一是通过棉花秸秆还田，培肥地力，减少化肥的用量。通过今年 5 个地市的棉田调查和氮肥试验，氮肥的亩用量减少 15%～20%，单产不减。由每亩 13～14 千克纯氮，降低到 10～11 千克纯氮。研究棉花绿色、高效施肥技术，特别是减少氮和钾的用量，并做好施肥试验研究、棉花秸秆还田肥料化技术研究。

二是通过推广品种、早破地膜、蕾期遇旱浇水、适时晚播、深松深耕技术防止棉花早衰，提高棉花单产和品质。

三是开展高产技术攻关，探索亩产 350～400 千克籽棉的栽培模式。集约项目、集中力量、集成技术，实现棉花单产、效益的新突破，示范带动棉花生产技术的普及提高。每年省里征集 10 个品种，每个品种种植 5 亩，进行实收测产，测定品质。

四是开展棉花虫害绿色低毒农药综合防控技术研究，推广绿色防控技术，综合防治棉田盲蝽象、烟飞虱等虫害。

（四）加快优质高产新品种的繁育推广，优化品种品质结构

建立完善的优质棉选育、推广、收购体系，提高原棉品质，进而提高在国际市场上的竞争力，解决高支纱长期依赖进口的局面，优化品种资源，提高原棉品质。根据市场需求，以绿色、提质、增效为目标，通过加强育种攻关，研发培育优质、高抗、高端纺织要求的主导品种，与国际市场接轨。发展棉花产业，棉花育种和生产要适应纺织企业的纤维指标需求。当前主要有 K836、GK102 等审定品种，订单生产已经审定优质棉品种 K836、德棉 16 等，这些品系产量接近或超过鲁棉研 28，纤维长度 31～34 毫米，比强度在 33 以上，衣分在 40％左右。建议多点大面积试验示范，加快优质新品种推广速度，10 个以上多地多点观摩，每个优质品种 5 亩以上；同时进行高产优质棉花新品种配套技术研究，探索亩产 350～400 千克籽棉绿色栽培模式。

（五）利用专业合作组织，统一配肥、播种和统防统治等技术服务

一是重点机械。推广应用棉花精量、半精量播种机，棉田喷药机械，棉花秸秆还田机械。

二是推进棉花的规模化种植、标准化生产。加强社会化服务体系建设，在技术推广、统一耕作、病虫害综合防治方面探索新型经营主体服务新模式，建立节肥、节药、增效示范区，带动科学施肥技术推广应用。

（六）进行棉花耕作制度创新，增加棉田一熟变两熟的面积

主要模式有：棉花＋豆科作物（花生、绿豆），用地养地。棉花＋辣椒、棉花＋大蒜、大蒜—短季棉夏直播。棉花＋西瓜、优质早熟小麦—短季棉夏直播、优质夏棉—黑麦草（或抗盐小麦961），在盐碱地试验，规模化种植，机械化收割。

潍坊市棉花生产情况报告

郑以宏1 黄迎光1 丁加刚2

（1潍坊市农业农村局，2寿光市农业农村局）

一、棉花生产情况

潍坊是纺织大市，也是我省传统产棉大市，棉花作为最重要的纺织原料，在我市农业生产当中具有举足轻重的地位，如今却面临"失棉"的尴尬境地，近五年来平均每年以27.34％的速度正被小麦、玉米争去位置，盐碱地棉花主产区已经压缩到含盐量4‰以上的北部沿海地带，就是没有水浇条件又实在找不到替代作物的盐碱地还有种植，南部山区丘陵除自用外少有植棉。

潍坊市 2013—2019 年度棉花种植面积变化

年度	面积（万亩）	较上年变化幅度（％）	皮棉单产（千克/亩）	总产（万吨）	较上年变化幅度（％）
2013	54.0	−26.8	71.2	3.84	
2014	43.41	−19.6	70.6	3.06	−20.3
2015	32.29	−25.6	61.6	1.99	−35.0
2016	21.77	−32.6	81.3	1.77	−11.1
2017	15.29	−29.77	76.1	1.16	−34.5
2018	9.08	−6.21	82.03	0.7448	−35.8
2019	7.35	−1.73			

2019 年潍坊市农口统计棉花种植面积 7.35 万亩，比上年减少 1.73 万亩。今年总的特点是前旱后涝，自 2019 年 1 月 1 日到 5 月

底，北部棉区降雨不到 20 毫米，极度干旱造成无法播种，也是今年棉花面积减少的重要原因。潍坊棉花种植区域主要分布在寿光北部的羊口镇、双王城生态经济园区、昌邑市北部沿海龙池、柳疃、下营三个镇街区及寒亭、滨海的重盐碱地区，这些地区无水浇条件，土壤盐分含量高，依靠降雨进行棉花生产。

二、我市当前棉花种植存在的问题

我市植棉区大部分位于北部的重盐碱地区，很多棉田是由盐池改成的，由于这几年来连续提取卤水，致使盐碱度下降，只要有水源，就能生产小麦、玉米、高粱、大豆等。前几年，由于粮食价格的持续上升和粮食补贴政策，再加上粮食生产全程机械化的实现，植棉面积快速下滑，减少的棉田主要改种了小麦、玉米、高粱、大豆等作物。近几年来受进口棉的冲击，棉花价格一直在低位徘徊，而棉花的生产成本，特别是棉花管理、采摘的人工成本越来越高，而且用工多、找人难，这几年虽然进行了一些机采棉的尝试，但由于我地气象条件影响太大，规模小，不太成功。

棉花种植是一个用工多、工序复杂的过程，出了苗从放苗、打药、整枝、采摘均需用工。据调查，承包他人耕地成本在 300～500 元/亩，耕地 40 元/亩，播种 20 元/亩，浇灌水 25 元/亩，种子成本 60 元/亩，肥料 120 元/亩，农药 110 元/亩，薄膜 30 元/亩，投入成本在 800 元左右。如果算上放苗、整枝、打顶等田间管理 120 元，采摘（2.4 元/千克）600 元等人工成本，总成本 1 520 元/亩。2018 年我市籽棉平均产量 225 千克/亩，籽棉收购价格为 7 元/千克，每亩地毛收入 1 575 元，如果是自己的地，每亩纯收入 300～500 元，比不上打几天工赚得多，如果承包土地植棉，不赚钱，甚至赔钱。

种植棉花风险大。棉花从播种到收获将近 6 个月的时间，春寒、夏涝、风灾、冰雹，加之棉区无水浇条件，有些地块经常出现绝收，虽然有商业保险，但也只是抚慰性的，起不到多大作用，有些农民近年来尝试改种耐旱的地瓜、高粱等作物，如果有合适的替代作物，面积会越来越少。

三、建议和对策

1. 轻简化、机械化是根本出路

棉花用工多、机械化程度低是制约当前我市棉花生产的主要原因，棉花生产管理轻简化、机械化是根本出路。而采棉机是棉花全程机械化的关键环节，研发适合我省棉花机采的品种、机械是关键，我们要创造自己的栽培模式，以适合当地的生产生态条件。

2. 加大政策扶持力度，强化政策扶持

一是棉花直补政策要稳定，进一步提高棉农植棉积极性。二是加大对棉花生产优势区域的扶持改造，提高棉田的生产能力。一方面做好土地整理，把小块棉田变成田成方、路成网、适合机械作业的规模化种植的棉田。另一方面加大投入，从根本上解决棉田的排洪防涝能力，变局部治理为区域治理，统筹规划，搞好农田基本建设。三是提高棉农对优质棉生产的重视程度。四是围绕提高植棉收益，降低生产成本，加强棉花栽培育种技术的研究与推广，提高植棉效益。五是加大对棉花生产社会化服务组织的支持力度，采摘棉花一直是棉花生产中最大的成本支出，而采摘棉花的机械价格又较高，建议加大对合作社棉花采摘机械的补贴力度，发展机采棉，配套棉花生产过程中的化控技术支持。

聊城市棉花生产现状及发展途径

吕彦霞　　朱传宝

聊城市土壤肥料工作站　聊城市农业技术推广站

为深入了解 2019 年新棉生产、市场供需等情况，促进聊城市棉花产业绿色、优质、高效发展，我单位对本市项目区、种植农户棉花生产及棉加工企业等进行了调查分析，情况如下。

一、当前棉花生产情况

（一）棉花面积

聊城市棉花生产主要分布在高唐、临清，因气候及土壤等条件较适合棉花生长，多年以来的种植也使得棉农拥有丰富的棉田管理经验，但是近年来气候变化影响棉花的质量及产量，同时棉花作为经济作物，市场需求低迷等因素也严重影响棉农收益，使得棉花种植面积持续减少，从 2013 年的 49.38 万亩萎缩至 2019 年的 6.23 万亩，占全市耕地面积的 0.92%。

2013—2019 年聊城市棉花种植面积

年份	2013	2014	2015	2016	2017	2018	2019
面积（万亩）	49.38	31.42	17.74	12.95	13.51	9.3	6.23

（二）棉花产量

项目区及种植户棉花生产总体良好，目前看属于丰收年。各生产环节管理基本到位，病虫防治及时。但由于聊城市棉花生产多处于盐碱低洼等地力条件及农田基本建设相对较差的区域，受自然因素的影响较大。今年棉花生长受到5～6月干旱的影响，前期营养生长不如往年，但下部果枝结铃多，是近几年产量最好的一年，由于受第9号台风"利奇马"的影响，加上部分棉花受涝灾，造成铃蕾脱落，对棉花产量影响较大，近期光温充足，棉花正处在吐絮初期，烂铃很少，对提高棉花产量及品质非常有利。总之，加强后期管理，预防早衰，科学采收，如无大的自然灾害，丰收很有希望。

（三）棉花市场

受中美贸易摩擦加剧的影响及国内新疆棉价格及库存棉的影响，目前价格不高，比上年稍低。

二、棉农植棉面积减少的主要原因

（一）生产成本高，植棉比较效益低

近几年植棉基本处于亏损状态，种棉不如种粮、蔬菜、瓜果等作物。种植小麦、玉米亩纯效益能达1 073元，蔬菜亩纯收益能达6 000元，部分棉农对棉花效益失去了信心。

（二）植棉劳动强度大，用工多，机械化程度低

当前，植棉在土地整理、播种、拔柴等环节基本上实现了机械化，但在放苗、治虫、中耕、浇水、施肥、化控、整枝、拾花等环节仍然以传统的人工劳作为主，用工约20个，机械化程度较低，劳动强度较大，投入工时较多，制约着棉花生产的发展。

（三）农村劳动力结构变化

随着工业化进程的发展，农村中的青壮年劳动力大部分外出打工，植棉劳动群体趋于高龄化和女性化，且文化程度低，大多为50岁以上人员，普遍缺少正规的植棉培训，植棉科学化水平不高。

近年气候异常，阶段性灾害影响明显，这些群体抗灾减灾能力相对较弱，棉花高产稳产难，影响了棉花生产。

（四）政策因素

近几年国家扶持棉花生产的优惠政策少，出台晚，在调动农民植棉积极性上作用很有限。

（五）植棉市场风险和自然风险不断加大

由于植棉周期较长，受温度、降水、日照、风雹灾、病虫害等自然灾害的影响较大，直接影响棉花的产量、质量。近几年在棉花生长的关键时期，阴雨天较多，直接造成棉花减产。棉花市场价格波动较大，对植棉效益和农民植棉积极性都造成了十分不利的影响。

三、当前棉花目标价格补贴政策存在的问题

（一）政策发布迟

棉花目标价格补贴原来是由财政依据统计局统计数据制定，每年的政策均为第二年度发布，政策发布晚存在三方面的问题：一是省里下达补贴标准的依据存在偏差，如果依据的面积比实际面积大，造成补贴资金少，棉花种植户得到的补贴少；如果依据的面积比实际面积小，就会对补贴工作的实施造成困难。二是由于棉花已收获，对棉花面积的核查造成困难。三是当年有没有价格补贴政策不确定，无法给棉农满意的答复。

（二）补贴标准低

近年来棉花目标价格补贴标准为每亩 150 元，无法弥补生产（劳动力）成本的上升，还不如改种投工较少的其他作物，把省下来的时间就地打工，一天也能有 100～150 元的现金收入，补贴标准较低，难以调动棉农植棉积极性。

（三）缺乏稳定性

棉花目标价格由国家有关部门负责一年一定，补贴也将随目标价格的波动而形成年际变化，或多或少，或有或无，难以稳定持续。农民种一亩地棉花最终能有多少补贴，目前还是个未知数。再加上棉花收购价格太低，而且费工费时，种小麦、玉米不仅省工省时，而且不误打工，效益比植棉高许多；棉花生长周期长，受自然灾害影响较大，特别是七八月份，我市阴雨天气较多，影响了棉花产量的提高，比如今年我市部分镇遭受雹灾，个别地块绝产，大大挫伤了农民的植棉积极性，因此现阶段的棉花目标价格补贴政策仍然难以打消棉农植棉顾虑，难以调动棉农的植棉积极性。

四、下一步建议和对策

（一）推广规模种植、降低棉花种植成本

新形势下种植只有走规模化、机械化的道路才能降低生产成本，提高棉花品质。现新疆棉花产业向集约规模化发展，促进棉花规模化种植，实行机械化、规模化生产，降低生产成本，提高植棉效益。现在应积极探索新型种植方式，棉花与其他作物间作，如花生、薯类等，实现作物优势互补，引导棉农科学种植，提高种棉水平，提高棉花产量和品质，从而提高棉花在市场的竞争力。重视培肥地力，平整土地，完善田间排灌设施；坚持秸秆还田，增施有机肥，根据棉花的需肥规律和病虫害发生规律，示范水肥一体化的节水减肥技术，推广应用轻简高效的病虫害防治技术。

（二）促进棉花生产方式转变，发展新型产业模式

改变现在一家一户的种植模式，把土地集中起来，统一经营。建议出台政策鼓励培育新型棉花产业组织、经营主体；引导植棉大户、家庭农场、专业合作组织对接棉花加工企业，进入棉花交易市

场，推动"三产"融合，发展新"六产"。

（三）加大政策扶持力度

继续实施棉花目标价格补贴，提高补贴标准，切实降低棉花生产成本。一是建议尽早下达棉花目标价格改革补贴方案。我省棉花目标价格改革补贴实施方案下达太晚，导致后补贴发放工作进展困难。建议上级最好在每年棉花播种之前，尽快出台省级当年棉花目标价格改革补贴实施预案，在棉花生长期，做好棉花种植面积统计工作。具体补贴金额可以根据市场行情，延迟到下年度公布。二是建议适当提高棉花补贴金额。三是增加棉花种植保险补贴资金，扩大棉花灾害保险补贴范围，提高中央和地方财政承担保费的比例。

（四）强化科技兴棉

加大对棉花高产优质新品种、新技术、生产机械的研发和技术推广力度。加大轻简栽培技术的示范推广，对免耕化除、简化整枝、化学调控等比较成熟的技术加大推广力度，提高标准化生产水平。

济南市棉花生产情况及产业振兴建议

崔　媛　高　燕

济南市农业技术推广站

济南市棉花生产工作，在省厅的指导帮助下，坚持以市场为导向，大力推广轻简化生产等绿色高质高效植棉技术，严格落实棉化目标价格补贴政策，努力提高和维护棉农收益和利益，保持了棉花生产平稳发展态势。

一、济南市棉花生产情况

近年来，济南市棉花生产总的特点是：面积、总产稳中略降，单产、价格基本持平。

（一）2017—2018 年全市棉花生产数据

2018 年，全市棉花种植面积 5.57 万亩（含莱芜区、钢城区），较 2017 年 5.71 万亩减少 0.14 万亩，减幅为 2.5％；平均亩产籽棉 200 千克，与 2017 年基本持平；总产为 1.11 万吨，比 2017 年的 1.14 万吨减少了 0.03 万吨，减幅为 2.6％。2017－2018 年，籽棉平均售价均在 6.5 元/千克左右低位徘徊。植棉区域主要分布在平阴县、商河县和莱芜区等。

（二）2019 年上半年全市棉花生产情况

济南市棉情调查结果表明，2019 年棉花长势总体良好，但前期干旱少雨加气温偏高，导致丘陵山地田块棉花正常生长受到显著影响，果枝及蕾数明显减少，丰产架子没有搭好；8月受第9号台风"利奇马"影响，部分地块涝害/倒伏严重；空气干燥，光照充足，病虫为害整体较轻。

据气象部门统计，4月1日至7月31日，全市（含莱芜区、钢城区）有效降水量189.1毫米，较常年同期减少156.7毫米，减幅45.3％；8月1日至8月19日，全市有效降水264.5毫米，较常年同期增加157.2毫米，增幅146.5％，且降雨时段不均匀，集中出现在10日至13日。五六月正值棉花现蕾期，此期遭遇干旱，地表上层土壤水分过低，不能满足棉花需要，棉株根系不得不往下层伸展，以寻求水分，这样，棉株的营养恶化，植株矮小，果枝及蕾数减少。7月至8月上旬，正值棉株大量开花结铃盛期，全市棉田出现不同程度伏旱：气温高，蒸发量大，土壤水分缺乏，不能满足棉株生长发育的需求，引起蕾铃大量脱落。根据近期田间调查结果，目前全市平均亩蕾铃数与往年同期相比，明显减少，对后期棉花产量的形成是个严峻考验。

8月中旬全市范围出现集中强降雨，10日8时至12日19时，全市平均降水量194.8毫米，章丘平均降雨量高达350.5毫米，章丘、莱芜、济阳等地区部分棉田出现涝害/倒伏，导致部分花铃脱落。

棉花播种以来，以晴好天气为主，连续的阴雨天气少，空气湿度小，强光照天气多，对棉田绝大多数病虫害的发生不利。据植保部门统计，目前全市棉田病虫害发生程度均低于往年同期。

二、2019 年上半年主要工作

（一）推广先进技术，做好指导服务

一是全方位、多层次、多形式地搞好农民培训，重点通过技术培训、送科技下乡、现场指导、示范推广等形式，提升棉花标准化种植水平。二是及时转发省棉技站《关于做好 2019 年棉花生产工作的通知》《2019 年棉花春播保苗技术意见》《2019 年棉花中后期管理技术意见》等文件，向种植户发放棉花栽培技术手册、明白纸。三是抓好轻简化植棉技术推广。积极采用轻简化栽培最新研究成果，大力推广棉花精量、半精量播种、简化栽培技术，积极推广缓控肥及种肥同播技术，减少烦琐的管理环节，争取把过多的管理用工降下来。四是提高传统实用增产技术的到位率。抓好棉花地膜覆盖、足墒下种、适时播种、合理密植、化学调控、病虫防控、测土配方等实用增产技术的到位率。五是结合实际强化技术指导，提高技术针对性。针对我市棉花主要在山区、丘陵地区种植的实际，重点推广了棉花防早衰生产技术，通过秸秆还田、培肥地力不断提高棉花生产水平。

（二）棉花价格补贴政策落实情况

一是严格落实 2018 年棉花目标价格补贴政策。在上年度督导区县、镇、村完成了 2018 年棉花种植面积统计、核实、基础数据录入等工作的基础上，根据《山东省财政厅关于拨付 2018 年度中央财政棉花目标价格补贴资金预算指标的通知》（鲁财农指〔2019〕8 号）要求，济南市财政局、济南市农业农村局于 2019 年 7 月 16 日联合下发了《关于拨付 2018 年度中央财政棉花目标价格补贴资金预算指标的通知》（济财基指〔2019〕4 号），补贴资金首先用于按照每亩 150 元的标准为全市种棉农民发放目标价格补贴，剩余资金由各区县集中用于棉田基础设施建设、科技创新技术成果推广应用、棉花生产社会化服务、棉花目标价格保险补贴等方面。目前补贴资金已经全部拨入各区县农业发展银行开设的粮食风险基金专户，各区县正在对上年度已经按程序核定的植棉面积、种植户信息等进行进一步核实、完善，确保棉花目标价格补贴资金发放准确无误、及时到位。二是积极开展 2019 年棉花种植面积核定工作。为搞好 2019 年棉花目标价格补贴工作，根据省里有关文件要求，与市财政局联合下发了《关于做好 2019 年度棉花种植面积核定工作的通知》（济农农〔2019〕8 号），目前 2019 年棉花种植面积核定工作正在有序进行中。

三、当前棉花产业发展存在的问题和矛盾

（一）比较效益差，收购价格低

近几年棉花价格一直在低位徘徊，单产基本持平，但种子、化肥、农药、劳动力的价格均不断增长，植棉收益很低。与此相比，国家扩大了粮食种植补贴，其中玉米最高 125 元/亩，小麦补贴高达 125 元/亩；我市棉田均为春作，一年一茬，种植小麦、玉米等粮食作物可以一年两作且劳动力成本低，从各方面来看种植小麦、玉米两项合计每亩纯收益 760 元左右，高于植棉收益。棉花没有国家最低收购价的保护，调动不起农民的植棉积极性。

（二）粮食、蔬菜等挤压棉花种植面积

随着农业供给侧结构性改革的深入，国家正在巩固提升粮食产能，从事粮食生产的合作社、家庭农场、种植大户等新型经营主体越来越多，种粮积极性越来越高。同时，近年蔬菜价格持续高位运行，蔬菜种植面积不断扩大，也挤压了部分棉花种植面积。

（三）机械化程度低，劳动力成本高

棉花从播种保苗、控害除草、整枝化控到采收，生产程序繁多，种植管理复杂，用工多，人工成本高。我市种棉以农户个体经营的小生产模式为主，生产标准化程度低，产品档次低，植棉机械化水平低，阻碍规模化和机械化生产进程，进一步增加了植棉的生产成本。

（四）棉田基础设施薄弱，棉农科技素质不高

一方面由于棉花主产区部分基础设施年久失修，抗御灾害的能力差，产量提高难度大。另一方面农村青壮年劳动力外出打工后，棉农主力军老龄化严重，对新事物接受能力较差，也加大了新技术、新成果推广应用的难度，影响棉花产量的提高、品质的改善。

四、加快棉花产业振兴的建议

（一）完善棉花目标价格制度，加大棉花产业补贴力度

2017 年中央 1 号文件指出深化粮食等重要农产品价格形成机制和收储制度改革，调整完善新疆棉花目标价格政策，改进补贴方式，完善农机购置补贴制度，加大对粮、棉、油、糖和饲草料生产全程机械化所需机具的补贴力度。在这一政策背景下，应完善和推广棉花目标价格制度，逐步实现目标价格与种植面积、产量或销售量相挂钩，打造棉花品牌规模效益，提高棉花产业补贴力度；提高棉花生产保险额度，增大中央和财政部门对保费的承担比例；提高棉花采摘等机械的购机补贴；增加棉花产、学、研项目经费等。

（二）推进棉花新品种引进、示范、推广工作

试验筛选出适宜济南市推广种植的主推品种，充分发挥良种的增产增效作用。以纺织行业对马克隆值、衣分、断裂比、强度等品质上的需求确定品种引进方向，引进推广早熟、高产、优质、农艺与农机配套的机采棉新品种。只有让棉花供给无缝对接纺织行业需求，才能减少无效供给，扩大有效供给，使棉花产业提质增效，降低中国棉花进口依存度，提升棉花产业竞争力。

（三）推广轻简化和机械化新技术，降低生产成本

研究开发轻简化育苗、机械化种植、智能化管理技术，提供高产和省工节本办法，满足小规模的植棉农户和地方植棉大户技术需求。按照"早熟品种＋直播覆膜＋机械采收"技术思路，因地制宜加以推广应用，并研究轻简化、机械化栽培条件下棉花产量和品质的内在调控机制，对行株距和种植密度进行合理调整，促进叶枝成长发育。

（四）加快生产基地和标准棉田建设

改善盐碱地棉田灌溉条件，开展田间工程建设。通过完善农田基础设施，实现旱能浇、涝能排的目标，增强抗御自然灾害的能力。鼓励用于秸秆还田、机械施肥、智能灌溉等农业机械投入生产，加强棉花统一管理。

2019 年泰安市棉花生产情况总结

柳新明　殷复伟

泰安市农业技术推广站

一、我市棉花生产情况

泰安市地处鲁中南山地丘陵区，属暖温带半湿润大陆性季风气候，全市年平均光照2 583小时，大于10℃活动积温4 365℃，年平均降水量700毫米，年平均无霜期190天，四季分明，发展棉花生产具有得天独厚的条件，由于多方面的原因，当前棉花生产处于低谷状态，近几年来泰安市棉花年种植面积不足 10 万亩。受植棉比较效益、用工、气候条件等因素影响，我市棉花生产持续滑坡，呈现出面积下降、总产减少的局面。

2019 年我市棉花种植面积 4.85 万亩，主要集中在东平县（3.34 万亩）、肥城市（0.9 万亩），其他几个县、市、区棉花并不是主要经济作物，植棉大户很少，每户平均植棉面积在 1 亩以下，多为田间地头开荒种植，种棉主要为自用。

二、减少原因分析

近几年棉花种植面积持续减少，因素很多，包括植棉科技水平的高低、自然灾害的多少、政策扶持力度的强弱等。但归根结底，近年来植棉效益的不断下降是造成棉花生产连续下滑最为重要的原因。据调查，近几年平均单位面积植棉成本已占到植棉总产值的

70%以上。另外，种粮和植棉比较，种植成本相对较低，收益相对较高，也使大量棉田变为粮田。而相对于蔬菜作物来说，经济效益又不高，农民种植积极性不高。

（一）气候因素的影响

6月降水量为49.4毫米，偏少35.9毫米，给山区丘陵棉花生产带来不利影响，缺苗断垄地块较多。7月份降水量102.6毫米，偏少88.6毫米，浇水条件差的地块出现旱情。8月10日至11日，受台风"利奇马"影响，全市范围内出现持续强降水，出现大风天气，全市平均降水量为154.8毫米。这次降水使我市持续旱情得到彻底缓解，但降水夹带强风天气，对棉田造成局部冲毁、淹涝、倒伏、病害及虫害加重等不利影响。据气象局资料显示，6月1日至8月12日积温为1 966.1℃，比去年少21.5℃；日照时数为452.2小时，比去年少61.7小时。

我市的棉花单产今年有所降低。总体看，今年棉花水分供应不足，对棉花蕾期、花铃期影响较大，台风"利奇马"造成棉花部分倒伏淹涝，对棉花产量也造成一定的影响。后期遭遇轻微干旱，对棉花产量及品质稍有影响。

（二）所做的工作

一是大面积推广普及了鲁棉研21、国欣3、国欣11等高产品种。二是山区和丘陵地、水浇条件较差的地块，种植棉花这种较为耐旱的作物，相对于其他作物收入比较稳定。三是常规技术措施得以推广普及。如抗虫棉品种全程化调，地膜覆盖、整枝修棉等技术广泛应用。四是春棉种植面积大，为棉花单产提高奠定了基础。五是科技培训与新型农民培训有机结合。充分利用新型农民培训项目、科技入户工程指导等有效形式，在棉花种植、管理等环节上有的放矢，为稳定棉花生产奠定了基础。

三、下一步建议和对策

（1）引导农民合理布局种植结构，让广大农户知道不能随市场一边倒，不能在棉价好时全部增加棉花种植面积。市场饱和了棉花价格下跌的风险就增大，只有合理科学地调整种植结构才能最大范围规避市场风险。

（2）大力推行科学种田，积极开发优良棉种，加快农业育种创新，强化农机补贴，农业科学推广，指导农户科学施肥，减少不必要的化肥投入，切实降低种植成本。

（3）加强农村合作化建设，大力发展规模生产，对点生产，协助农民合作社与用棉企业签订长期合同，稳定棉花种植面积和价格水平，努力实现农民种棉增产增收。

（4）建立棉花价格预警预测机制，及时宣传棉花市场调控政策，发布棉花市场供求和价格信息，引导棉花经营企业、纺织企业等市场各方正确认识当前棉花市场形势和价格走势，合理引导市场预期。

抓好棉花生产　实现绿色发展

淄博市农业农村局种植业管理科

近几年，受植棉比较效益低下的影响，我市棉花播种面积减少，针对当前棉花生产实际，立足绿色发展理念，结合相关种植业项目的组织实施，突出抓好棉花轻简化植棉技术推广，推行化肥、农药等生产投入品减量化行动，抓好农机农艺融合，搞好棉花生产相关试验示范研究，实现棉花生产转方式、提质量、增效益。

一、棉花生产情况

（一）植棉面积

据农业部门统计，2019 年我市植棉面积为 1.8 万亩，与上年持平，呈逐年递减趋势。主要原因是持续几年的植棉比较效益低下，植棉费工费时，加之政策扶持力度不足，农户种棉积极性不高。

（二）产量情况

2019 年，我市前期长期干旱，后期雨水量大，气象条件不利于棉花生产，全市棉花产量较常年下降。据农业部门统计，全市棉花亩株数为 3 942 株，单株铃数为 14.1 个，平均单铃重 4.9 克，衣分为 41，籽棉单产为 231.5 千克/亩，折皮棉单产 80.7 千克/亩，总产皮棉 145.3 万千克。

（三）生产特点

着力推广新品种、新技术，重点在单产提高方面下功夫、做文章。一是注重科技植棉水平的提高。重点推广鲁棉研 28、冀棉 958 等，主推品种面积 1.3 万亩，占总植棉面积的 72%。通过各种渠道对棉农进行技术指导和培训，提高广大棉农的植棉技术水平，在棉花生产关键时期、关键环节，派出市、区、县农技人员 100 余人次，举办培训班 10 余期，手把手、面对面地指导棉农生产，进一步加强了植棉新技术、新成果在棉花生产中的推广应用。二是推广棉花轻简化生产技术。在规范化控的基础上，使用机械去除顶心，不除边心，减小劳动强度；后期喷洒脱叶剂，提高棉花品质，提高棉絮采摘效率，实现棉花全过程轻简化生产的目标。三是积极推广机械化棉花病虫害防治。充分利用小麦"一喷三防"项目实施过程中各区县组建的统一机防队伍和先进的喷防设备，通过政府组织引导，应用到棉花病虫害防治当中，降低了棉花生产人工投入，减少了植棉成本。四是抓好棉花种植面积核定。参照我省耕地地力保护补贴中对小麦面积核实的办法程序，对我市棉花种植面积进行了逐级核定，确保棉花目标价格发放准确。

二、存在的问题

（一）植棉效益依然不高

据高青县对 20 户棉农实地调查，共植棉 43.5 亩，平均籽棉产量 224.6 千克/亩，销售价格平均 6.5 元/千克，亩植棉收入 1 460 元，平均每亩物化成本 380 元，人工费用 800 元（按 8 个工计，每个工 100 元计算），合计植棉亩成本 1 180 元，每亩纯收益仅为 280 元。可以说，农户植棉收益主要是人工收益。同时，棉田多为地力较薄地块，多为山旱田、盐碱地等，对棉花产业发展不利。

（二）灾害性天气频发

一旦遭遇灾害性天气，棉花减产幅度大，且我市除高青县外，大部分区县的棉花种植多为自用，零星分散种植，政策性农业保险覆盖率偏低，一旦受灾，农户损失全部由自己承担。

三、下一步打算

（一）加大科技推广力度

通过各种渠道对棉农进行技术指导和培训，提高广大棉农的植棉技术水平，进一步加强植棉新技术、新成果在棉花生产中推广应用。同时，积极做好相关政策宣传，落实好各项政策措施，鼓励引导棉农抓好棉花生产。

（二）积极推广重点技术

努力推广棉花轻简化栽培技术，在提高棉花单产的同时，降低植棉用工数量，节约植棉成本。推广配方施肥技术，加大对棉农的指导力度，指导棉花的因时、因地、适时合理用肥，增加肥料的利用率，减少浪费，降低土壤污染。积极推广机械化棉花病虫害防治，进一步加强机防队伍建设，增加棉花机防面积。

（三）做好我市棉花种植面积核定

按照《2018 年度山东省棉花目标价格补贴实施方案》要求，做好 2019 年棉花目标价格补贴发放；依托市农科院创新推广应用棉花科技创新成果。

2019 年临沂市棉花产业现状及发展建议

杨洪国　　王世伟

临沂市农业技术推广站

近年来，受种植业结构调整和棉花市场等因素影响，临沂市棉花种植面积逐年减少。据临沂市统计局统计，2013 年临沂市棉花种植面积 13.45 万亩，2014 年种植面积 11.9 万亩，比上年减少 1.55 万亩；2015 年种植面积 10.8 万亩，比上年减少 1.1 万亩；2016 年种植面积 9.88 万亩，比上年减少 0.92 万亩；2017 年种植面积 8.02 万亩，比上年减少 1.86 万亩。据临沂市农业农村局统计，2018 年全市棉花种植面积仅 1.37 万亩，主要集中在费县、沂南县、莒南县、蒙阴县等山区县，且种植零星分散。兰山、罗庄、郯城、临沭等平原县区已无棉花种植。据统计，2019 年棉花种植面积与上年基本持平，在 1.4 万亩左右。从产量情况来看，单产与去年基本持平。

一、临沂市棉花种植面积持续下滑的原因

（一）大量农村青壮劳力外出打工，劳动力匮乏

随着经济的快速发展，许多年纪较大的农民在家门口即可就业，年轻人更倾向于在大城市发展。目前，在家从事棉花生产的多为老年人、妇女和体弱多病者，难以满足棉花高产栽培和田间管理的需要，种植面积减少在所难免。

（二）种棉费工费时，生产周期长，投入大，比较效益较低

目前临沂棉花多为一家一户的分散种植，户均种植面积 0.73 亩，规模化程度低。现在地膜覆盖、棉田放苗、整枝、棉花采摘完全靠人工，全年生产用工每亩 20 个左右，用工过多不但推高了棉花生产成本，且影响农民外出打工，致使农民不愿种植棉花。而小麦、玉米等粮食作物，已经实现全程机械化，基本不用劳动力，留守在家的人员即可完成，适应目前的打工经济。另外，我市山区、丘陵、平原各占三分之一，无盐碱地，适宜于各类农作物生长，种植棉花的效益比种植花生、地瓜、玉米的效益要低得多，也是造成棉花面积下降的原因之一。

（三）龙头企业带动性不强，棉花产业规模化程度低下

目前临沂棉花加工企业少，更无在国内知名的龙头企业，缺少知名品牌，缺少大型龙头企业通过大规模的订单生产实现拉动增加棉花种植面积的作用。我市棉花基本呈现小农户分散种植，或者是种植自用的状态，影响了棉花质量的提升。同时，由于棉花种植不成规模，收购企业少，棉农卖棉也难，影响了棉花种植。

（四）种植业结构调整，挤压棉花种植

近年来，由于种植业结构调整步伐较快，全市已经形成了南粮、东油、西北果的大格局，现已培植了粮食、蔬菜、花生、果品四大优势产业和黄烟、桑园、柳条、银杏、板栗、茶叶、金银花、中药材八大特色农产品生产基地，因此棉花种植逐渐被边缘化。另外农业产业扶贫大力发展大棚蔬菜、果品、食用菌等高效农业，从而挤占了棉花的种植空间，致使我市棉花种植面积逐年减少。

二、发展棉花产业的建议

（一）加大科技投入，实行规模化种植、机械化采收

政府应加大投入，扶持科研单位在新品种选育、配套栽培技术、采摘设备研发等方面实现突破。棉花实行大面积连片种植，机械化集中采摘，能够大幅减少棉花生产管理和收获所需的劳动力投入。实行机械化植棉，可以大大减轻劳动量，提高劳动效率，真正实现轻简化栽培，降低种植成本，有利于稳定和发展棉花生产。

（二）加大政策支持保护力度

建议政府将补贴集中用于规模化生产，提升棉农种植棉花的积极性和棉花产能，从而充分发挥政策的刺激作用。

（三）广泛开展技术培训

要围绕主导品种和主推技术，大力开展技术宣传和培训，加强新品种、新技术和标准化生产技术培训。建议设立培训项目，积极开展棉花高效种植技术培训，并通过广播、电视、报刊等新闻媒体和赶科技大集、送科技下乡、印发技术资料和明白纸、技术咨询、田间指导等多种形式，广泛开展技术宣传和培训，有效提高农村劳动者的科技文化素质，提高棉花生产的科技水平。

（四）发展棉花产业"新六产"

发展农业产业化联合体。由龙头企业领办，牵手农民合作社，带动家庭农场、棉花种植家庭农场或基地农户，发展订单生产，延长产业链条，降低生产成本，吸引农民积极扩大棉花的种植，使种植棉花能够有效增加农民收入。

枣庄市 2019 年棉花产业现状及发展建议

郑国喜

枣庄市农业农机推广中心

我市属于分散种植棉区，近几年来，在省农业农村厅和市农业农村局领导帮助下，棉花生产工作紧紧围绕抓好节本增效，提高技术到位率，严格落实国家棉花政策，发挥政策导向作用，以提高植棉综合效益为中心，通过认真落实国家棉花目标价格补贴政策、大力推广棉花"简化栽培"实用技术、努力扩大间作套种面积、大力推广地膜覆盖技术、强化棉花栽培新技术的推广等综合措施，努力稳定我市棉花种植面积，方便居民生活用棉需要，做了积极工作。

一、我市近几年棉花产业结构现状

（一）当地棉区的生态条件

枣庄市大于 10℃ 的积温为 4 587℃，大于 15℃ 的积温为 3 954℃，无霜期 220 天，年降水量为 820 毫米，雨日为 80.8 天，年光照时数为 2 088.5 小时。地势为平原或丘陵山地，土壤有机质为 1.785%。

（二）近几年棉花的种植的面积、产量分布及品种

据市统计局的资料分析，2013 年全市棉花种植面积为 5.37 万亩，亩单产 91.9 千克，总产量为 0.49 万吨；2014 年种植面积为 5.18 万亩，亩单产 93.4 千克，总产量为 0.483 万吨；2015 年种植

面积为 5.28 万亩，亩单产 95.8 千克，总产量为 0.505 万吨；2016 年种植面积为 3.36 万亩，亩单产 96.8 千克，总产量为 0.32 万吨；2017 年种植面积为 3.16 万亩，亩单产 98.2 千克，总产量为 0.310 万吨；2018 年种植面积为 2.15 万亩，亩单产 82.6 千克，总产量为 0.177 4 万吨。2019 年农业系统棉花统计面积为 1.5 万亩；气候特点是 5 月至 7 月气温偏高，总降水量少，六七月持续干旱，尤其是山亭区、滕州市的降水偏少明显，对棉花生长有不利影响。进入 8 月后，我市先后出现两次暴雨过程，8 月 4 日至 12 日，中部累计最大降水量达到 570 毫米，棉花种植较多的山亭区、滕州市累计降水量在 180～300 毫米，暴雨后，棉花生长迅速、秋桃增多，弥补了前期生长量的不足。据农业部门统计调查，暴雨导致棉花受灾面积为 300 亩。最近一个星期，棉花光、热、水条件匹配较好，利于棉花生长。2019 年，全市完成 2018 年棉花目标价格补贴面积 11 522.8亩。我市棉花以分散种植为主，各区都有种植，种植主要品种有：鲁研棉28、鲁研棉32、鲁研棉35、鲁研棉36、鲁研棉37、鲁研棉21、山农棉8号、鑫秋2号、鑫秋1号、冠棉4号、鲁研棉15。

（三）种植关键技术

我市棉花种植模式以地膜覆盖纯春棉为主，主要集中在山亭区，麦套棉主要集中在滕州市。亩种植密度为 3 000 株左右；亩施纯氮 6.5 千克，纯磷 3.5 千克，纯钾 3.0 千克；化控 2～3 次。棉花投入成本高，比较效益低。因棉花种植规模不大，主要为零星散户种植，机械化程度低，劳动用工主要为自家劳力，并受外出务工等影响。劳动力成本不断提高，对棉花生产形成一定的影响。种棉与种粮比较，种棉生产成本较高，种子、化肥、农药等生产资料价格持续快速上涨，使棉花生产成本明显提高；机械化作业率低，自然风险和价格风险大，影响种棉积极性。一些高效经济作物的迅速发展，不断挤占棉花生产发展的空间；国家扶持粮食生产的力度不断加大，种粮效益显著提升，削弱了植棉比较优势。另外，由于棉花生产周期长、环节多、用工量大、技术要求高、机械化程度低，不利于农民外出打工，从事棉花生产的机械成本又远远高于粮食作物，也使得棉花生产的比较优势进一步降低，在种植业结构调整中处于不利的地位。目前，农村近80％的青壮年劳力外出打工，月收入两三千元，远比种棉挣钱多。植棉比较效益下降、农民挣钱门路的多样化，使农民植棉的积极性越来越低。

（四）粮棉比较效益的分析

以2017年为例。据调查，2017年棉价比2016年略高，但由于投入成本也增加，使得种棉比较效益并不高。2017年全市平均亩产籽棉242千克左右，若按平均销售价格6.6元/千克计算，亩产值1 597元，扣除物化成本450元，亩收入1 147元；若除去15日劳动力成本，每日按60元计算，其纯收益为247元。与种粮比较：2017年小麦平均每斤1.13元、玉米平均每斤1.1元，若按种一季小麦（平均亩产500千克）、一季玉米（平均亩产600千克）计算，亩产值为2 450元，种植小麦和玉米物化成本为800元，用工12个，扣除成本，亩纯收入为930元，而小麦和玉米机械化程度高，用工少，方便农民外出打工。与种粮相比，农户种植棉花的比较效益低，且棉花收购价格不稳定，进一步制约了农户种植棉花的积极性。

二、棉花产业特征及影响因素分析

我市棉花产业的特征是分散种植、平均单产相对较高，以农户自用、零散销售为主。工业用棉为外地调入或进口。原因是棉花价格低，劳动力成本高，植棉用工多，当地土地流转价格为900～1 200元/亩，以目前的棉花价格，无法通过土地流转支撑集中种植棉花，分散种植不便于机械化，又进一步推高植棉成本。

三、棉花产业结构变化的趋势及原因

近几年，我市棉纺企业受诸多市场因素的影响，小企业多已转产或倒闭，棉花种植面积也一再萎缩，随着国际市场条件和国家棉花产业政策的调整，棉花种植面积有望呈现渐渐恢复趋势。从发展潜力上来说，当地一直有棉花需求，棉花种植对于方便当地百姓生活，对于种植业调整的间作套种尤其是对过度施肥菜地盐化地的轮作作物选择，都具有重要价值。

四、棉花产业发展存在的问题及建议对策

(一) 存在的主要问题

(1) 种植较为分散。我市是分散棉区，土地承包权的划分使集中连片种植困难。

(2) 分散种植缺少政策扶持。

(3) 补贴金额偏低。棉花生产成本与其他农作物相比较高，管理费工费时，棉花的比较效益偏低，我市多数农民种植棉花意愿不高。棉花零散种植获得补贴总量与生产成本相比较属于"杯水车薪"，难以很快提高种植面积。

(4) 棉花生长季节自然灾害频发，棉花生产风险加大。

(5) 补贴资金兑现程序烦琐。从户村上报到兑现资金，基层一线人员中间工作量大且没有工作经费，兑现资金时间晚，拖到棉花收获完毕次年，错过了购买良种、生产资料的合适时间，推动效率没有达到最大化。

(二) 棉花振兴建议措施

(1) 建议国家加大棉花种植业的扶持力度，进一步完善棉花扶持的方式。如果采取现金直补，建议国家和省级配套工作经费。

(2) 加强棉花新技术的推广力度。加强棉花实用技术研发，大力推广棉花简化栽培技术，缓解用工矛盾，降低生产成本，提高植棉效益。

(3) 加大棉花机械、棉花产量和价格保险的政策扶持和资金投入。目前国家和地方政府对棉花种植业尤其是分散种植地区扶持政

策十分有限,棉花种植业生产周期长、生产成本高、机械化程度低、费工费时,且棉花产业链长,涉及国家和很多人的利益,因此国家和各级地方政府应继续加大对棉花产业的扶持力度,加大对棉花生产资料投入的政策扶持,加大对新品种研究和棉花实用新技术推广的资金投入,给予棉花产量价格保险支撑。

日照市棉花生产发展现状、存在的问题及对策

王纪国　王　慧　董家贵
日照市农业技术服务中心

一、棉花生产情况

日照市棉花种植分布在五莲县、莒县。据统计局数据，2018年我市棉花种植面积为 0.5 万亩，单产为 76 千克/亩，总产为 0.038 万吨。其中五莲县植棉面积为 0.3 万亩、莒县植棉面积为 0.2 万亩。今年上半年，对 2018 年棉花种植面积进行了重新核定，种植面积为 0.28 万亩。主要棉花种植品种鲁棉研 21 号、鲁棉研 22 号、鲁棉研 28 号、国欣棉 1 号、国欣棉 3 号。多年以来，我市棉农种植棉花多半用于自给自足，棉花种植面积一直较小。

二、棉花生产中存在的问题

（一）种植技术与管理水平较为落后

一是**种植密度过大**。容易造成田间阴郁、通风透光较差，致使棉花下部烂铃、烂叶多，中部蕾铃脱落。二是**化学调控不当**。在棉花生长的整个生育期，有的棉农基本不进行化控或不及时进行化控，造成棉花营养生长过旺，株型高大空，有效结铃率下降。三是**田间管理粗放**。中耕、除草、排灌、整枝都很重要，但由于劳动力成本的提高，棉农粗放管理居多，造成棉花产量徘徊不前。四是施

肥结构失衡。棉农往往重视氮肥、磷肥的投入，而忽视钾肥和微量元素肥的投入，造成营养元素失衡。

（二）投入与产出比例不协调

棉花种植需水、需肥量大，采摘棉花耗时耗工，近年来农资价格和劳动力价格大幅上涨，籽棉价格大幅波动，种植棉花成本增加，致使棉花的比较效益低。

三、发展棉花生产的建议

（一）加强技术指导，提高棉农管理水平

利用电视、报纸等新闻媒体加大新品种、新技术的宣传力度，特别是合理肥水管理、科学预防病虫害等的宣传，进一步提高种植与管理水平。

（二）加大科技投入，促进农民增收

推广简化节本植棉新技术，节肥省工，降低成本。特别是在集中产地要广泛开展科学节本间套的技术推广，通过棉套菜、棉套菇、棉套蒜等省工节本栽培，降低生产成本，提高单产，多元增收；开展科技培训，进村入户，深入田间地头，把专家示范的高产技术转化成农民大面积的高产田，让农民从科技进步和服务中得到实惠，形成现实生产力，减少盲目种植的棉农比例，普及科学种植，提高棉花产量，保证棉农丰收。在特定天气对特定病虫灾害进行及时会诊，多渠道宣传病虫灾害防治办法，帮助棉农实现科学种植与管理。

（三）推进产业化经营，提高棉花生产总体收益

在金融贷款、土地流转、技术革新、精深加工等方面出台扶持政策，发展以棉花为原料的精深加工，延伸产业链条，推进产业化经营。同时，鼓励棉花加工企业直接与农民签订购销协议，降低生产成本，增加棉产品附加值，提高棉花生产总体收益，努力增加农民收入。

青岛市棉花生产情况及发展措施建议

张素志1 朱瑞华1 宋培培1 李松坚2

（1 山东省平度市农业技术推广站，平度 266700；
2 山东省青岛市农业技术推广站，青岛 266071）

为了解我市棉花种植面积、产量变动情况，我们对全市棉花生产、收购、加工情况进行了调研。从调查结果来看，近几年我市棉花种植面积与 2011 年（4.485 7 万亩）相比面积大幅减少，由于 2017 年实施棉花目标价格补贴，种植面积小幅回升，平均价格变化幅度不大。

一、近三年来平度市棉花生产基本情况

2016 年全市棉花种植面积5 599亩，平均亩产皮棉 101.1 千克，总产 56.6 万千克。2017 年全市棉花种植面积 7 012亩，平均亩产皮棉 108 千克，总产 75.7 万千克。2018 年全市棉花种植面积 8 884亩，平均亩产皮棉 109.9 千克，总产 97.7 万千克。

二、棉花价格行情

2018 年新棉上市收购开秤价格为 6.4 元/千克，之后慢慢走高，二级棉收购价格最高为 7.6 元/千克，后因棉质下降，价格在 7.2 元/千克左右震荡。2019 年棉花开秤的价格在 3.2 元/千克左右，与 2018 年同期持平。个别出售价格较高（4.2 元/千克左右）

是被外地收去轧皮棉做棉被用的。

三、棉花生产成本

2019 年棉花生产成本较 2018 年略有下降。棉花直接种植成本为 485.26 元/亩（种子 78.8 元/亩，浇地 45.55 元/亩，喷药 109.24 元/亩、施肥 154.68 元/亩、地膜 26.74 元/亩、机械作业费 70.25 元/亩），比上年减少 20.12 元/亩，降幅为 4.1%。

（一）农资价格有所下降

2019 年 4 月底 5 月初，我市尿素价格为 2.10 元/千克，较 2018 年的 2.30 元/千克下降 8.70%；复合肥 3.1 元/千克，较 2018 年 3.4 元/千克下降 8.82%。主要原因是国内生产资料市场供应充足，国际生产资料的价格有走低趋势，使得国内生产资料的价格较往年有所下降。农膜与农药价格与去年基本持平。

（二）种子价格较去年略有下降

2019 年我市种棉每亩种子花费 78.8 元，较 2018 年减少 0.21 元，主要原因是 2019 年棉农种植积极性不高，导致棉花种子价格下降。

（三）机械作业费、采摘费用与去年基本持平

农户的机械作业费主要为机械播种，后期管理大多数农户靠人工操作。2019 年机械耕地 30 元/亩、播种 30 元/亩，人工拾棉成本为 1.3 元/千克，与 2018 年基本持平。值得一提的是我市争取到了实行土地深松补贴政策，三年免费为农户深松一次，这样耕地费相应地就减少了。

四、植棉收益

按每亩产棉 228 千克，棉价 7.2 元/千克计算，每亩的毛收入

为 1 641.6 元,去除直接成本 485.26 元,人工成本 900 元和包地成本 150 元,基本无利可言。若棉农种自己的地,不算人工费,扣除直接成本,每亩收益在 1 156 元左右。若棉农种自己的地,把握时机轧皮棉自销,或亲朋好友分销,主要用来制作棉被,价格平均为 8.4 元/千克,每亩收益在 1 292.8 元左右。

五、存在的问题

全市的植棉面积呈逐年下降态势,由 2011 年的 4.485 7 万亩缩小到去年的 8 884 亩,种植面积减少了 80.2%。近几年我市高效农业发展较快,与种植瓜果菜相比,种植棉花比较效益低,极大地损伤了棉农的积极性,加上种植棉花费工费时,大部分农户纷纷调整种植面积,全市产棉量大大缩水。棉纺企业纷纷倒闭,棉花不够用,企业无花加工,经常停工、停产。也有些棉农存有惜售心理,这也导致了货源的紧张。也因为棉织行业需求后劲不足,国际市场用棉量少,对棉价并不是很看好。

六、建议

(一)促进棉花生产适度规模经营

当前,农村青壮年劳动力不足,劳动生产率难以提高。因此,应加大土地流转力度,推进土地流转平台建设,促进适度规模经营,增加棉农收益,提高棉农种棉积极性。让棉花生产规模化、机械化,以降低棉花生产成本,提高棉农收益。

(二)建立棉花预警预测机制

由于农业生产效益的滞后性,农民缺乏科学的信息参考来决定生产,容易出现"棉贱伤农"的局面,不利于农民持续增收和农业持续稳定。棉花是商品率非常高的农作物,棉花价格放开后,棉农对下一年的种植计划往往主要根据当年的市场价格来决定,盲目性很强，从而导致棉花生产出现剧烈波动。因此，应尽快建立棉花的预警预测机制，引导农民理性种植。同时，加强棉农生产信息化建设，通过各种渠道让农民及时准确地了解国际国内棉花市场的供求信息。

（三）进一步加强化肥、种子等农资市场监管

严厉打击假冒伪劣等违法经营行为，杜绝坑农害农现象发生；加强优质、高产、适销棉花品种的引进、繁育和推广，优化棉花品种结构，提高棉花质量。

（四）扩大植棉区域

棉花作为国民生产的重要物资，应引起有关部门的足够重视。建议市政府规划出棉花生产优势产区，进一步扩大生产规模，尽快形成产业优势。除在平度明村、田庄、新河等传统棉区植棉外，还可逐步向粮食蔬菜作物重茬区发展，与花生、小麦、蔬菜等作物实行轮作，解决重茬问题，使之成为我市农民致富的一条有效途径。

"棉花轻简化丰产栽培技术" 要点

董合忠

山东棉花研究中心

一、选用适宜棉花品种和优质包衣种子

选用株型相对紧凑，叶枝弱、赘芽少、早熟性好、吐絮畅、易采摘、品质好的棉花品种，如鲁棉研 28、K836、鲁棉研 37、鲁6269 等春棉品种，鲁 54、中棉所 64 等短季棉品种。种子经化学脱绒、精选和抗病防虫种衣剂包衣等精加工处理，纯度≥95％，一般要求健子率≥80％、发芽率≥80％，单粒穴播时要求健子率≥90％、发芽率≥90％。

二、机械精播免间苗定苗

定时、定量、定位播种：一熟制棉田，4 月下旬至 5 月初，机械精准播种，肥药随施，播种、施肥、喷除草剂和覆膜一次完成。每亩用种量 1～1.25 千克，出苗后及时放苗，不疏苗、不间苗、不定苗，保留所有成苗；鲁西南两熟制套作棉田，采用穴盘基质育苗移栽，亩用种量 0.5 千克，4 月初播种育苗，5 上旬移栽；蒜后直播棉田，机械灭茬、抢时精播，亩用种量 1.5 千克左右。

三、化学除草、机械中耕

耕翻整平后，亩用 48％氟乐灵乳油 100 毫升兑水 40～45 千克，均匀喷洒地表后耘地或耙耢混土。播种后，再用 50％乙草胺乳油70～100 毫升兑水 30～45 千克或 60％丁草胺乳油 100～120 毫升兑水40～45 千克均匀喷洒播种床后盖膜。2～4 真叶期机械行间中耕，6 月下旬至 7 月上旬再中耕 1 次，同时揭膜、施肥、培土。

四、轻简施肥或一次施肥

采用速效肥，一基一追，每亩基施 N、P_2O_5 和 K_2O 分别为 7 千克、8 千克和 14 千克，开花后亩追施纯 N 8 千克。也可采用速效肥与控释氮肥结合，一次施肥，每亩 7 千克控释 N＋7 千克速效 N，P_2O_5 6～8 千克，K_2O 10～14 千克，播种时施于播种行 10 厘米以下，以后不再追肥。

五、合理密植、化学整枝

纯作春棉收获密度5 000～6 000株/亩，自现蕾起化控 3～4 次，最终株高 110 厘米左右，其中，棉花正常打顶前 5 天即 7 月 10 日至 15 日亩用缩节胺 5 克左右叶面喷施、10 天后用缩节胺 7 克左右再次叶面喷施进行化学封顶，或者用机械打顶代替人工打顶，不再进行其他整枝。纯作短季棉收获密度6 000～7 000株/亩，自真叶期起化控 4～5 次，最终株高 90 厘米左右，其中，棉花正常打顶前 5 天即 7 月 15 至 20 日亩用缩节胺 4 克左右叶面喷施，10 天后用缩节胺 6 克左右再次叶面喷施进行化学封顶，或者用机械打顶代替人工打顶，不再进行其他整枝。套种杂交棉收获密度2 000～2 500株/亩，自盛蕾期化控 2～3 次，最终株高 130 厘米左右，留叶枝，去叶枝顶和主茎顶。

六、机械植保、集中收花

根据虫害发生情况和防治指标，及时采用机械防治虫害，提倡统防统治。田间吐絮率达到 60％时，用 50％噻苯隆可湿性粉剂和 40％乙烯利水剂混合，叶面喷施脱叶催熟，2 周后人工集中摘拾，2～3 周后再摘拾一次。有条件的地方可采用采棉机一次收花。

七、注意事项

一是要精细整地，一播全苗是轻简化栽培技术的核心和基础，要做好秸秆还田、冬前深耕、平整土地、压盐造墒等环节，其中棉田深耕或深松可 2～3 年进行一次；二是针对黄河三角洲地区减少烂铃、控制早衰和机械采收的需要，可将春棉播种期推迟到 5 月上旬，进行"晚密简"栽培；三是在鲁西南两熟制棉田，可以改蒜田套种杂交棉为蒜后直播短季棉，收蒜后机械灭茬、抢时机械精播。

山东棉花发展新旧动能转换基本途径研究

王桂峰 1 　孙玮琪 1 　魏学文 1 　徐勤青 1 　王安琪 2
（1 山东省棉花生产技术指导站
2 中国人民银行广州分行海口中心支行）

摘要： 本文从近年来山东棉花生产变化、棉花产业历史性变化发展维度，研究分析了山东棉花发展新旧动能转换的基本路径，提出了新形势下建立适应山东棉花产业经济持续发展需求的绿色高质高效现代棉花供给体系，实现棉花生产与棉花生态融合协调可持续发展的产业政策建议。

关键词： 棉花；新旧动能转换；途径

改革开放 40 年来，山东省经济社会发展取得了重大历史性成就。2018 年，山东省正式启动加速建设新旧动能转换综合试验区[1]，聚焦聚力以"四新"促"四化"，加快实现全省经济发展由大到强的战略性转变，推动培育高质量发展和建设现代化经济体系。

在山东加速新旧动能转换的经济社会发展形势下，纵观山东省棉花生产及棉业经济发展 40 年来的变化历程，积极把握新时代深化改革开放历史性发展的窗口期，创新棉业发展体制机制，促进"知识、技术、信息、数据"新生产要素向山东省传统棉区、老棉区棉业转移流动，以"新技术、新产业、新模式、新业态"发展方式构建山东绿色高质高效现代棉花供给体系，重筑新时代山东"鲁棉"高质量市场品牌，实现棉花生产与棉花生态融合协调，实现山东棉花产业经济可持续发展意义重大。

一、山东棉花生产发展分析

（一）现状分析

棉花是全球性的重要大宗农产品，是全球产量最大的天然纤维作物，是我国主要的传统优势大田经济作物和纺织工业的主要原料。棉花是商品率最高的大宗农产品，以直接供应棉纺服装工业为主，从种植—籽棉—皮棉—加工—纺纱—织布—服装以及棉籽、棉秆加工资源化利用关联多行业，其市场关联度很高。中国是世界产棉和棉花市场消费大国，棉花生产、消费和贸易事关国计民生，是国民经济的重要支柱产业[2]。棉花产业链条长、种植生育期长，棉花产业就业率高，粗略估计，我国有 6 000 万～8 000 万农民从事棉花产业，2 000 万人参与棉花纺织与服装业，在纺织、印染、服装行业和流通领域实现社会劳动分工。山东是我国产棉大省、用棉大省和纺织品出口大省，植棉面积仅次于新疆，在全国处于第二位[3]。2018 年山东省种植棉花近 18.33 万公顷，约有 200 万农民从事棉花生产。棉花产业在山东滨州、德州、聊城等黄河故道老棉区一直是当地区域经济的支柱产业。自 20 世纪 80 年代，山东植棉面积及总产量连续 15 年处于全国前列，最大植棉面积和总产量曾达到171.24 万公顷和 172.5 万吨，分别占全国的 24.7% 和 27.6%。21 世纪前十年，山东省常年植棉面积一直保持在 53.33 万公顷以上，是我国内地最大的棉花生产保护区省份。

（二）优势分析

山东省棉区位于黄淮流域腹地，黄河横贯东西，土质肥沃，光、热、水等自然资源充沛，棉花生长关键时期雨热同季，综合评定为全国优质棉生产区。

（三）历史发展

1992 年，我国确定社会主义市场经济体制，棉花作为劳动密集型和土地密集型产业，生产一度呈现恢复性增长，2004 年全省种植面积和产量分别达到 105.93 万公顷和 109.8 万吨，居于全国第二位；2009 年后，我国新型工业化、城市化进程加快，农村经济结构及农业产业结构、市场化优化调整推进，东部沿海省市农村劳动力转移加快，植棉业人工生产成本快速上扬、植棉比较效益渐低化加重，山东棉花种植面积连续缩减，到 2017 年山东植棉面积仅 17.47 万公顷、产量 20.7 万吨，2018 年山东植棉面积 18.33 万公顷、产量 21.7 万吨，种植面积与总产量略增。

（四）挑战分析

山东棉花种植的主要特点是种植规模化进一步降低，棉花生产区域细碎化加剧。鲁西南棉区的菏泽、济宁植棉面积占 46.8%；鲁北棉区的滨州、东营、潍坊植棉面积占 32.1%；鲁西北棉区的德州、聊城、济南植棉面积占 14.9%；其他市植棉面积占 6.2%。

目前，在山东棉花生产地区区域结构中，鲁北是黄河三角洲的滨海盐碱地棉区、一熟传统棉区，鲁西北是一熟、两熟混作老棉区，鲁西南属两熟高效棉区，鲁中鲁南属旱作棉区，而且基本上呈现传统棉区、老棉区及鲁中鲁南进一步缩减，有替代或弃种的趋势，鲁西南传统产业模式乏力，棉花生产稳定供给形势严峻，棉花产业可持续发展也面临严峻考验。

山东棉花产业需求方面，全省棉纺织业年消耗原棉近 260 万吨，本省自产原棉产量只有 20 万吨左右，进口棉花在 40 万～70万吨左右，棉花需求对外依存度已达 95%。

从全国棉花生产形势看，全国植棉面积下降和棉花主产区加速西移或域外转移，黄河流域棉区和全国棉区大幅缩减态势基本一致。自 2008 年以来，内地植棉面积大幅下降，2017 年内地植棉面积仅 95.81 万公顷，产量 105.5 万吨，仅仅十年内地植棉面积下降

300.46 万公顷，产量下降 328.8 万吨。

(五) 潜力分析

山东棉花产业对于全省和地方经济、社会经济均衡发展有高度的结构性关联度，建设山东新旧动能转换试验区为重振山东棉业带来了新的机遇。棉花是山东传统优势大宗经济作物商品，全省棉花市场消费刚性需求强。棉花耐盐碱、抗逆性强，同时具有修复土壤重金属污染的生物学特性。山东是植棉业发展自然禀赋适宜区，特别是黄河三角洲具有 550 万亩广袤的盐碱地区域，是植棉比较优势土地资源。山东承担全国 400 万亩棉花生产保护区差别性棉花产能政策性保障，棉花产业发展空间潜力大、前景广阔。在新时代，加快山东棉花产业绿色高效高质发展方式转变，构建山东现代棉花产业体系、生产体系、经营体系，推进传统棉花产业新旧动能转换成为稳定发展山东棉花生产、促进棉花产业经济持续发展的基本路径优化选择。

二、山东省棉花产业存在的主要问题

加入 WTO 后，我国棉花市场化改革，使棉花市场、棉花资源已深度融入经济全球化格局。山东作为传统产棉大省，棉花产业结构与发展质量实际已低于市场化、国际化结构需求，棉花产业供需结构性矛盾凸显[4]，山东棉业比较生产率和比较效益下降趋势加重，传统方式下的植棉业弃种率或换种率逐年加速上升。

(一) 传统植棉业人工成本占比持续攀升，现代棉花生产体系、经营体系建立更新乏力，难以支撑现代棉花产业体系运行发展

山东是开放较早的东部沿海省份，城市化及新型城镇化速度较快。农村劳动力成本不断增高，棉花全程机械化、规模化较慢，棉花生产成本高，棉花生产全年用工每亩 18～20 人，比种粮食作物

多。棉花人工成本已占到 60%～70%，2011—2015 年全省植棉区平均每千克皮棉生产成本达 16.75 元（表 1）。

表 1　2011—2017 年山东省棉花投入产出情况表

年份	皮棉收购价格 （元/千克）	物化投入 （元/公顷）	人工成本 （元/公顷）	植棉效益 （元/公顷）
2011	17.20	6 238	12 228	1 592
2012	18.32	6 726	13 398	828
2013	19.25	6 717	16 756	−1 209
2014	14.01	6 796	20 186	−6 305
2015	12.61	6 796	23 437	−15 771
2016	15.52	6 681	25 152	−11 007
2017	14.94	6 842	27 391	−14 018

数据来源：山东省物价局统计数据。

山东棉花属传统经营模式，"大省小农""老龄化、妇女化"方式的小农户家庭经营是植棉业的主要经营方式。山东棉花多为一家一户的细碎分散化种植，小农户家庭经营进入现代棉业市场能力弱，现代棉业经营主体发育慢、棉花生产社会化服务程度低。

随着近年国际国内形势的变化，我国劳动力、土地、资本成本快速上扬，推动了劳动密集型、资本密集型、土地密集型兼而一体的棉作成本的快速上涨。根据相关统计，2016—2017 年山东棉区年均植棉成本 33 033 元/公顷，其中物化成本 6 762 元/公顷，人工成本平均 26 272 元/公顷，山东植棉区植棉成本上涨较快，同时在国家临储期间，当地棉花市场价格下降较大，致使植棉比较效益更低。

（二）棉花质量结构问题凸显，棉花生产中低端产能过剩，棉花供需市场结构不协调，现代棉花产业体系发育的市场驱动动能不足

棉花市场改革以来，山东棉花生产良种繁育技术产业体系运行机制几乎断裂殆尽，棉花加工 400 型国内国际技术标准体系设施设

备经营体制已基本停滞运行，棉花产业链、供给链、价值链相互脱节。棉花加工与棉纺织分离、棉花生产与市场分离、棉花科技力量与棉花生产和市场需求分离，以棉花价值链为基础的棉花产业链扭曲。山东地产棉生产标准化程度很低，棉花品种结构、生产结构、品质结构互不关联，纤维一致性差、异性纤维混杂较重，2017—2018 年山东棉花长度检验结果集中在 27～29 毫米，30 毫米以上和 26 毫米以下的检验结果偏少，29 毫米占比明显低于全国检验结果，对适纺性 40 支纱以上的棉花需求远不能满足基本供给。

（三）棉花生产农药化肥过量施用，化肥利用率低，棉花生产地膜覆盖过度使用，传统棉区、老棉区水资源严重不足，棉田素质和棉花产业生态压力较大

山东鲁北盐碱地传统棉区、鲁西北沙壤土老棉区植棉业属一年一熟棉作制度，连年重茬迎茬，工业化学投入品过量超量化，利用率不到 40%，土壤有机质下降严重、地膜残留达 8 千克/亩，棉花品种抗病性下降，棉田病虫草多发性强。全省主要棉区棉秆基本上全部用于能源发电，棉秆还田肥料化利用基本空白[5]，棉田土壤有机质明显低于其他作物农田。对照国际良好棉花组织（BCI）滨州市滨城区"良好棉花"农户和普通植棉户对比抽样调查，结果显示（表2），当地普通棉农年均打药 20 次/亩以上，化肥使用量 30 千克/亩（纯氮、磷、钾总量）以上。这种高投入既增加了物化成本，又加剧了棉田生态负担[6]。

表 2　2015 年山东滨州良好棉花农户与普通植棉户投入产出分析

农户类型	抽样数量（户）	植棉面积（公顷）	单位面积（667 米²）						
			用水量（米³）	施肥量（千克）	用药量（千克）	物化投入（元）	活劳动力成本（元）	籽棉产量（千克）	纯收益（元）
良好棉花户	434	425.7	80	28	0.14	308	239	214	651
对比户	100	47.2	92	30	0.17	356	239	190	469
较对比户 ±%			−13%	−5.9	−17.6	−13.5	0	+12.6	+38.9

三、山东棉花生产结构、产品结构、品质结构及产业结构问题

棉花产业结构主要是棉花产业的构成及其比例关系，包括生产结构、棉花品种结构、产品结构、品质结构及其区域规模等。

山东棉花产业结构性问题导致棉花产业效率和创新能力低。棉花生产基础耕地资源低产田偏多，棉花生产规模化程度低，现代物质机械装备信息化条件差；棉花品种市场繁杂，棉花中低端产品占比高；棉花产业集聚度和产业融合度低，产业生态化环境优化协调差，棉花生产经营主体科技素质低，棉农难于步入现代棉花产业体系；棉花产业高端原棉基本依靠域外市场，棉花发展综合效益质量和市场竞争力亟待提高。其主要原因如下。

一是棉花生产的市场化导向滞后，棉花质量意识及商品价值理念不强。长期以来，棉花一直被定位为战略物资和经济作物商品、大宗农产品，计划经济思维传统固化，棉花市场体系缺乏活力。

二是棉花业价值链条断裂，地方相对规模化棉区棉花产业融合度低。棉花生产与市场主体结合衔接机制缺失，棉花现有产业组织结构规模下生产技术不能匹配棉花产业技术标准化、内在市场化国际化要求，棉花产业一、二、三产链条严重脱节，棉花产业协调创新能力及相应的技术标准化程度低。

三是棉花全程生产机械化程度低。山东植棉业生产经营方式基本处于我国工业化初期至中期阶段，目前仅在耕种、地膜覆盖、植保统防统治方面基本实现机械化作业，田间农艺管理和棉花采收、田间集散运输多为人工作业。2016 年到 2018 年棉花生产用工是 18～20 人/亩，人工成本占棉花生产成本构成的 60％～70％。

四是棉花生产社会化服务体系极其薄弱。现代棉花生产是规模化、商品化、社会化大生产，我国小农户土地经营的特点与棉花劳动密集型的特色，须依靠完善高效的社会化服务组织体系替代棉花

生产经营的土地规模化专业化。山东地方植棉区生产社会化服务体系的不健全会加剧棉花产业集聚度的弱化趋势。

五是棉田耕地质量水平低。山东农业结构经过持续的市场化调整和优化选择，使棉花生产区域多处于交通信息滞后、生产要素市场化低的边际边缘地带。棉花生产能力，包括耕地质量保护、种养结合能力低。集中连片、生态友好、旱涝水利保障工程技术设施匮乏，棉田质量保护能力以及棉农应对自然风险能力普遍较低。特别是鲁北滨海中高度盐碱地植棉区，棉花土地资源利用率和生产率较低，棉花生产品质、棉花产品结构不易保持。当地棉花产品一般多为 3～5 级，可纺 40 支纱以上棉花较少。

四、山东省棉业发展新旧动能转换途径分析

随着世界经济和贸易形式的不断变化，新技术、新产业、新商业模式、新业态如雨后春笋般地涌现，推进我国农业产业步入一个快速变革的时代。

山东棉花产业、棉花产区面临两种产品、两个市场的不对称矛盾，一是棉花产品商品形成与公共产品（包括公共服务）不足的矛盾，二是棉花市场化、产业化程度与要素市场弱化缺失的矛盾。由此构成了山东棉业新旧动能转换的节点性矛盾。棉花生产结构长期滞后于市场结构，棉花生产体系相应的公共产品和公共服务体系严重不足，棉花市场形势严峻。

作为一个传统植棉业衰退、老棉业萎缩的传统棉花产业经济大省，要创新棉花公共服务管理体制、引导新的激励生产要素转移，产业集成技术创新和生产生态结合、棉花三次产业融合并进，积极发展棉业新技术、新产业、新业态、新模式，引导推进棉业发展进入新旧动能转换期，尽快实现山东棉花产业转型升级。

加快新旧动能转换的核心是构建促进新动能的政策体系，从要

素驱动向创新驱动转换,推动新市场模式配置资源,培育良好的营商环境并营造现代产业组织及企业精神。

山东棉花新旧动能转换的基本目标是建立绿色、高质、高效现代棉花供给体系,契合山东棉花产业经济高质量可持续发展需要,实现棉花生产与棉花生态融合协调可持续发展。

推动生产恢复性增长,全省播种面积努力达到 400 万亩左右,产量稳定在 30 万吨左右,持续保持在全国前列。加强棉花生产保护区支撑体系建设,以棉花产业中高端原棉市场需求为导向,大力推进棉花种植结构调整优化,发展新型棉花产业组织,协调促进适合小农户植棉的中小型采棉机研制推广,全面提高本省棉花生产机械化水平,稳定鲁北、鲁西北、鲁西南等主产棉区棉花生产,不断提升全省棉花品质和市场竞争力。

一是坚持从地方经济社会发展阶段出发,立足各产棉地资源禀赋,塑造棉业发展产业结构多元化、产品多元化格局,满足市场高端化需求。

二是实现技术创新驱动发展,棉花农艺技术、农机技术、信息技术、工艺技术衔接配套有机合成新产业技术;因地制宜进行棉作制度创新和棉田耕地质量提升,构建高效的棉麦(或麦后棉)、棉花花生"双花产业生态互补"、棉蒜椒"一白两红棉菜产业"、棉饲(或绿肥)等产业模式;进行棉花因地制宜简化技术、早熟棉或短季棉技术、机械作业技术的结合;择优示范推广棉花工业辐射区域棉花生产品种与品质数量需求一致供需一体化运营机制,棉纺织工业订单式引导棉花新型经营主体产业模式。

三是强化推进棉花绿色高效高质生产方式及绿色产业模式,建立健全绿色技术生产规程,推广棉花绿色消费模式。实施棉花生产—控制地下水开采过度应用、化肥农药使用"双减"、无膜化(或可降解地膜)种植、棉花副产品资源循环应用。建立绿色棉花生产的制度体系和技术标准及技术规程,示范总结推广棉花绿色高效生产方式转变的"绿箱"支持政策。

四是积极构建高效棉花生产服务体系，形成新型棉花生产经营主体、棉业技术进步、现代棉花产业多元主体、现代金融、人力资本协同棉花产业支撑支持体系。

五是坚持从比较优势出发，构建地区现代棉花产业体系、生产体系、经营体系，做大做强山东省棉花质量优势品牌，重点在鲁西南发展劳动密集型产业（棉、经、饲互补，产业互作生态高效技术经济品牌产业），在鲁西北发展技术密集型产业（集成生物技术、信息技术、工程技术、管理技术综合产业技术创新驱动），在鲁北发展资本密集型产业（棉花产业资本和棉花种植业标准化规模化二者内部化＋棉花社会化服务体系）提升棉业市场竞争力。

六是建设对外开放合作发展的现代棉业营商环境，构筑以"棉花产业技术—商业模式—产业模式—棉花新业态"为主要内容，积极推进建设中外棉花合作园区、现代棉花产业园、棉花特色产业"物联网"小镇、棉花三次产业融合创新植棉大县试点示范，启动黄河三角洲棉花绿色高质高效产业带规划建设。

七是坚持从现代棉业发展要求出发，加强资源优化配置，提升棉花生产劳动生产率、土地产出率和全要素生产效率，走出一条山东特色棉花发展强势棉业产业的技术路径。

五、实现山东省棉业发展的产业政策创新

推进棉花发展新旧动能转换需要政府产业政策的正确引导。政府层面，根据棉花需求主体消费结构的变化，对从事优质专用棉花生产经营的新型主体、产业模式、高新技术生产模式，给予引导激励，在涉农资金整合的政策下，要推动山东省棉花产业振兴的重大技术工程专项，支撑"棉业发展大专项＋棉业发展任务清单"，保障棉田素质提升的相关基础建设、物质装备技术设施配套、产业技术公共服务体系建设。

（一）加快棉花产业新旧动能转换，开拓棉花产业结构服务化新业态

棉花产业结构服务化是指建立在知识和技术基础之上，随着知识和技术变化而变化的产业结构的变革过程。要从棉花产业结构的服务化、高技术化、融合化、国际化把握山东棉花产业结构的高度化与合理化。这是山东省棉花产业转型升级的内在要求和重要动力。要以山东棉花纺织业市场需求为导向，积极创新棉花供需服务方式，提升价值链、延伸产业链、打造供应链，形成新时代山东棉花"鲁棉"市场高端品牌导向和产业融合的发展模式。

（二）深化山东棉花补贴机制改革，实现棉花产业财政政策支持引导配套，加快构建现代棉花产业体系，以山东棉花绿色高效高质内涵式产业发展为导向，重构棉花产业链

根据 2018 年、2019 年中央 1 号文件精神和农业农村部、财政部要求，创新棉花扶持政策机制，加大扶持力度，完善配套措施，积极引导棉花产业高质量发展，稳定恢复棉花生产。因地制宜调整完善棉花补贴机制改革，以提升全省棉花生产综合效益和产业竞争力为目标，加强全省棉花生产市场导向、高质高效导向、绿色发展导向，创新完善棉花产业政策和金融工具，扩大"绿箱"政策实施范围和规模，完善全省棉花产业支持保护政策体系，创新完善对棉花种植者的补贴机制，提高棉花补贴效能。

一是提高棉花生产效率。加强全省比较优势棉区、棉花生产保护区棉田基础设施建设；促进棉花产、学、研、用结合的科技创新与成果转化推广应用，推动棉花科技创新机制改革，建立以棉花纺织业为主体，集市场需求、生产需求统一导向，产、学、研深度融合的产业创新和技术进步服务体系。

二是增加和稳定棉花生产从业者的收入。积极拓展棉农的产销

一体化市场运行机制，改善棉花商品的营销条件，培育棉花生产的新产业模式、新产业技术业态，打造棉花地理品牌、标准化品种品质质量公用品牌，为棉业高新技术开发、应用示范推广提供支持。

三是保障绿色高质棉花的有效供给。建立内地黄河三角洲棉花高质专用标准化大型生产基地，环渤海湾盐碱地工程技术优质棉花产业带，黄河故道老棉区、传统棉区改造升级棉业新动能支撑试验示范区；巩固提升棉花生产保护区的政策引导、产业创新、科技创新、对外开放合作等支撑体系。

四是健全高度完善协调的棉花社会化服务体系，实现山东省棉花生产全程社会化服务新业态。棉花社会化服务体系是为棉花生产经营主体提供产前、产中和产后全过程综合服务配套的网络体系。鼓励支持建立现代棉花产业结构组织，实现小棉花种植户与现代棉业有效衔接，使分散的传统植棉业态步入现代化棉业轨道。基于目前棉花农地流转规模化的区域性、局限性，小农户棉花生产经营仍然居多的省情，在鼓励发展多种形式适度规模经营的同时，通过健全多元化、专业化、市场化的棉花社会化服务体系，扩大主产棉区棉花生产规模。

（三）加强棉花产业科技创新驱动和推广应用系统性扶持

棉花发展由传统要素投入向创新驱动转变，促进棉花产业经济增长方式转变。鼓励棉花产品服务创新、产销商业模式创新、产业技术集成创新。引导山东省棉花产业关联度进一步提升，优化重组棉花产业结构，鼓励大型棉纺织企业并购棉花优势主产区棉花加工企业，以重组棉纺企业为主体，加强棉花产、学、研、用一体化棉业技术工程创新平台建设，支持棉花产业资本为主体构建棉花产、学、研、用融合的棉花产业创新体系。探索建立以棉花纺织（重组并购棉花 400 型加工业）产业平台为主的棉花种业研发机构产业化运营，支持适宜可纺中高支纱、轻简化农艺技术简化栽培、机械化采收棉花新品种技术创新。

（四）建立促进优质棉花生产主体发育的激励制度，实现棉花多种形式的规模化、标准化生产经营方式，提高棉花质量品牌效益

制定棉花新型经营主体培育政策，积极扶持差别化棉区重点植棉大户、棉花生产经营家庭农场、棉花产业或技术合作社以及棉花关联产业企业建立优质棉订单式生产园区或生产专用基地，开展棉花标准化生产，专业化、规模化、机械化、社会化服务；制定植棉优势区域棉花生产大县区财政倾斜制度，推进地方棉花生产布局优化；加快棉花生产公用品牌创建支持政策；加快山东地方棉花生产技术规程制定提升工程，统一棉花生产技术规范应用。

（五）健全稳定全省棉花生产和防控棉花生产市场风险的棉花产能保障政策支持体系

山东要保持棉花产业经济的总量和高质量可持续发展，须做到关键的两点，一是稳定棉花生产保护区400万亩高效高质植棉业规模，研究其政策引导、产业创新、科技创新技术进步、对外合作发展支撑体系；二是提高相应耕地质量，加强棉花生产保护区中低产田改造，提高耕地质量，包括土地整治（整理）、农田水利工程、耕地质量保护、休耕轮作，重点进行集中连片式的土地整治。

加快启动山东省棉花价格保险试点推广，推广棉花"保险＋期货"的棉花价格保障机制；同时改善现行的棉花生产保险制度，进行棉花生产全成本保险试点；逐步试点推广棉花收入保险，建立与现代植棉业相适宜的现代金融、棉花产业资本、技术进步、现代棉业人力资源协同支持体系。

（六）创新棉花生产生态协调的棉、经、饲互补互作

建立市场经济运行环境下的山东棉经协调运行的公共服务管理体制机制，实现棉花与油料作物、饲草绿肥等经济作物统一种植规

划，优化区域品种结构、耕作制度创新的公共服务管理体制，实现棉经生产技术效率提高，保障棉花产业经济安全，提高棉经产业综合效益、保持稳定增加农民收入。山东是除新疆以外的第一产棉大省，棉花在全省经济社会发展中具有重要的地位和作用。山东是全国省级及以上农业农村机构设置中专设棉花生产与技术服务机构的唯一省份，既体现了对棉花产业发展的重视，也折射出传统棉花生产方式的局限性。全国大多省份已把棉花机构直接改设或整合为省农业部门的经济作物总站或经济作物与油料作物协调促进部门。从山东鲁西南金乡大蒜品牌产业经济模式下的棉蒜产业技术互补耕作制度的发展实践路径看出，山东传统棉区要建立棉花与区域性经济作物互补的市场、生态、互联共进的耕作制度，建立棉花与相关经济作物共生互联、协同发展的公共服务效能管理的体制机制是振兴山东棉花产业持续发展的保障。

（七）建立山东省棉花产业发展新旧动能转换的人才组织保障政策措施

棉花产业是关联度高的基础性产业，促进棉业振兴，一靠棉花产业政策，二靠人才的强力支撑。积极培育造就懂棉业组织运营、品牌运作、深耕棉经产业优化技术融合的现代棉花人才的社会环境，是山东省实现棉花发展新旧动能转换的一项组织措施。注重调动省、市、县，特别是县、乡、村三级基层棉花生产服务及推广工作者的主动性、积极性、创造性、实践性，提高棉花产业发展公共服务效能。

山东作为植棉历史悠久的传统优势棉区，棉作传统文明的传承影响了几代人，造就了山东省国内领先的具有高度国际竞争力的棉花产业经济强省地位。抓住山东经济新旧动能转换的历史性机遇，加速山东棉花产业振兴，是积极探索农业发展面临老龄化的农村家庭经营方式及耕地资源、水资源、劳动力资源同步"三趋少"社会环境下乡村振兴的产业措施和技术路径的创新实践。

参考文献

［1］山东省人民政府．关于印发山东省新旧动能转换重大工程实施规划的通知［EB/OL］. http：//www. shandong. gov. cn/art/2018/3/16/art＿2522＿11096. html，2018-02-13.

［2］王桂峰，魏学文，等．山东省棉花供给侧结构性改革的思考和建议［J］.山东农业大学学报（社会科学版），2017，73（2）：16-23.

［3］山东省统计局，国家统计局山东调查总队．山东省统计年鉴［M］.北京：中国统计出版社，2018，283.

［4］王桂峰，徐勤青，魏学文，等．供给侧改革背景下山东棉花生产稳定发展的路径选择［J］.山东农业科学，2017，49（10）：156-160，167.

［5］王桂峰，徐勤青，王安琪．关于加快推进山东省棉秆肥料化应用的建议［J］.中国棉花，2017，44（3）：13-15.

［6］王桂峰，魏学文，刘明云，等．良好棉花倡议（BCI 对棉花）对棉花供给侧结构性改革的启示［J］.中国棉花，2017，44（5）：4-9.

关于调整完善山东省棉花补贴机制的分析思考

王桂峰1　徐勤青1　张少红1　王安琪2
（1 山东省棉花生产技术指导站，济南 230013；
2 中国人民银行海口中心支行，海口 570105）

摘要： 为深入推进棉花供给侧结构性改革，提高山东省棉花质量效益和竞争力，推进棉花补贴机制调整完善，本文对棉花的重要性进行了阐述，并对山东棉花补贴机制调整对策进行了探讨，提出了相应建议。

关键词： 山东省；棉花；补贴；思考；建议

棉花作为全球产量最大的天然纤维作物和纺织工业的主要原料，其商品率高、产业链长，涵盖种植、纺纱、织布、服装以及棉花副产品加工利用等多个环节，涉及多行业。棉花产业是产业市场关联度高、产业链长、商品化程度高的社会性大产业。因此，本文结合山东实际探讨棉花补贴机制，以提升山东省棉花质量、效益和竞争力。

一、棉花产业发展的重要变化

棉花作为集劳动、土地、资本密集为一体的生长周期与产业链均长的经济作物，其传统生产要素成本比较增幅较大[1]，传统生产方式转换滞后。我国改革开放 40 年来，棉花市场化改革经历了 20

年的时间，棉花产业发展成就辉煌，市场在棉花产业资源配置中的决定性作用增强，政府宏观调控作用显著。我国棉业发展从不断摒弃计划经济调控模式走向市场化。1983 年实现棉花供需平衡，21世纪前 10 年我国植棉面积位居全球第二。

2009 年后，由于国家棉花产业政策的宏观调控引导、农业生产结构的调整优化、国家强化粮食安全战略的政策保证，我国经济增长强劲，土地、资金、劳动力价格增幅加快，在内地城市化高度推进下，劳动力成本占比攀升加快。目前，我国内地棉花种植面积全面缩减，棉花产业凸显加速外转的状况。

二、山东省棉花生产情况

山东省棉花生产和全国棉花生产形势一样，呈现结构性萎缩调整优化态势。据山东省统计局数据[2]，"十二五"期间，年平均植棉面积为 45.6 万公顷，比"十一五"平均减少 24％；总产量平均为 66.13 万吨，比"十一五"平均减少 57.8％。2017 年，山东省植棉面积为 17.5 万公顷，棉花单产为 1 185 千克/公顷，总产 20.7万吨；2018 年，植棉面积 18.3 万公顷，棉花总产 21.7 万吨。据山东最新植棉意向调查，2019 年植棉面积 17.7 万公顷，同比下降3.7％。当前山东省棉花生产主要集中在鲁北、鲁西北、鲁西南三大植棉区，鲁北属黄河三角洲滨海盐碱地一熟传统棉区，鲁西北是黄河故道一熟、两熟混作老棉区，鲁西南属棉经两熟高效棉区。鲁中、鲁南丘陵地旱薄地的旱作棉区有少量分布。

2018 年国家建设 233.3 万公顷棉花生产保护区[3]，山东省承担 26.7 万公顷建设任务，为内地主产植棉区最多的省份，这为山东省棉花生产稳定发展提供了产业政策引导空间。

三、山东省棉花补贴机制调整完善思考

2014 年按照国务院关于完善农产品价格形成和市场调控机制

的部署，国家取消了棉花临时收储政策，探索推进棉花目标价格补贴试点政策。对内地 9 个棉花主产省给予定额补贴，包括山东、湖北、湖南、河北、江苏、安徽、河南、江西和甘肃。2014—2016年，我国内地 9 省棉花目标补贴标准为每吨皮棉 2 000 元，以后年度将根据市场价格变化而变化；2017—2019 年国家对内地实行定额棉花补贴。

贯彻落实棉花补贴政策，提高棉花补贴实施效率，保持棉花补贴机制效能符合市场配置资源的基础性作用，集中优势产区，采取高效适宜的棉花产业政策，充分发挥出政策在棉花生产发展和产业提升关键期的平衡支撑作用。根据 2018—2019 年中央 1 号文件精神和国家调整内地棉花补贴机制的总体指导要求，山东省棉花补贴资金的使用机制和方向，要紧紧围绕打造乡村振兴齐鲁样板这一主题[4]，推进新时代山东棉花产业振兴；以全面推进棉花供给侧结构性改革为主线，开拓棉花生产发展的新技术、新产业、新模式、新业态，强力引导构建全省棉花生产保护区支撑体系，保证山东省棉业经济继续走在前列，并实现可持续发展。

（一）棉花补贴机制的总体思路

全面贯彻党的十九大精神和实施乡村振兴战略部署，科学规划、准确把握棉花补贴机制改革的发展方向，配套高效管理和绩效考核运行机制。稳定优化山东传统植棉区棉花生产体系，提升棉花经营体系，开拓棉花生产发展新的路径，构建夯实棉花生产保护区支撑体系，建立山东绿色高效高质的棉花品牌供给体系。要围绕提高棉花生产效率、增加和稳定棉花生产从业者的收入、建设保障绿色高质棉花的供给体系支撑、健全完善棉花生产社会化服务体系的棉花产业组织结构优化升级原则进行总体统筹规划。

棉花补贴机制改革，要体现推动山东棉花生产稳定发展、推动棉花产业振兴这一政策的实践思路。

（二）棉花补贴机制调整支持重点

新形势下，棉花支持保护政策需加快调整完善优化，要强化棉花补贴政策精准性、指向性。在补贴政策上，坚持棉花产业升级导向、高质量发展导向、绿色发展导向，逐步由支持棉花生产发展向生态补偿拓展、由直接生产补贴转向棉作制度更新的生态环境补贴。

棉花补贴机制要支持引导改善棉花生产保护区棉田生产基础设施条件，在主要棉花产业集聚区建设现代棉花产业园区，加强棉花生产能力建设，提升棉田基础素质和培肥棉田地力；保持棉业科技创新和生产技术进步，提高科技贡献率；健全完善棉花生产社会化公共服务体系及维护运行机制，进行支撑棉花收获预期市场价格稳定和收入平衡的金融创新模式试点。

1. 改善棉花生产保护区棉田生产基础设施和农机农艺融合生产条件，建设现代棉花高效生产体系

目前，山东省棉花生产主要集中在中低产田、盐碱地、丘陵地、非有效灌溉区以及棉经套作轮作倒茬生态区和生产边际边缘生活自用区。山东省要保持棉花产业经济的总量和高质量可持续发展，一是要稳定住棉花生产保护区 26.67 万公顷高效高质植棉业规模，研究其政策引导、产业创新、科技创新、技术进步、对外合作发展支撑体系。二是提高相应的耕地质量，加强棉花生产保护区中低产田改造和提高耕地质量，包括土地整治（整理）、农田水利工程、耕地质量保护、休耕轮作。

在充分科学规划、论证的基础上，启动山东省黄河三角洲地区优质棉花特大型生产基地建设工程，科学规划黄河三角洲盐碱地开发利用，建设棉花生产生态协调互作模式生态棉区，实现"藏棉于地"。积极拓展棉农的产销一体化市场运行机制，改善棉花商品的营销条件；支持棉花生产保护区棉花产业集聚大县（区）建设现代棉花产业园，实现棉花生产全要素提升、棉花产业集聚式发展格局；支持棉花生产保护区差别化生态棉区进行棉花产业融合试点。

现代棉花产业园区要以县级政府为组织实施主体，由具有一定资质的规划设计机构科学论证整体方案，建立专门的县级政府领导组织协调机制，研究建立当地棉花园区、优质生产区、专用生产基地、棉花种子良繁体系的正常持续运转科学机制。

2. 加速棉业科技创新

建设鲁北、鲁西北、鲁西南三大植棉区棉花"全链条、全农艺环节"科学化生产信息系统公共服务平台。在历年棉花生产统计调度的基础上，筹建适合山东省现代棉花产业技术基础统计的大型数据库，发展高效市场化"数字棉业"，实现棉花生产农时性和智能化、科学化农艺技术全程管理和国内外市场信息服务；促进棉花产、学、研、用一体化科技创新与成果转化推广机制的形成，支持棉花生产保护区棉花重点规模大县以具有一定规模市场竞争力的棉花纺织业（优化重组棉花加工 400 型企业）为主体，建设现代棉花产业技术集成创新试验站，配套建设棉花种业高新应用技术研发平台；努力突破棉花产业传统农艺技术、种业应用型技术、棉花加纺工艺技术创新融合的技术瓶颈。建立山东绿色棉花生产制度体系和技术标准、技术规程，推行棉花高效绿色化生产转变；建立绿色高效高质棉花供给生产公用品牌区域，在全省产棉集中的规模化大县，全面推进棉花绿色高效高质创建，引导新型棉花经营主体使用棉花绿色生产资料和产业技术。推进棉花绿色全程简化生产技术和优质专用短季棉（早熟棉）新业态示范技术工程，实现棉花"无膜化"栽培或可降解地膜种植；促进棉花生产生态结合，进行棉作制度调整优化，建立棉区棉、粮、经、饲产业结构平衡体系。

建立棉花特色产业"物联网"示范村镇，引导信息化植棉业发展；支持棉花大县发展棉花新业态"新六产"（即第一产业的 1 份收入，经过第二产业加工增值为 2 份收入，再通过第三产业的营销服务形成 3 倍收益，总计 6 份收入，产生乘数效应），如棉花产业与棉花文化、体验旅游、电商、生态融合的新业态，传承棉业文明。

3. 健全完善棉花生产社会化服务体系

棉花社会化服务体系，是为棉花生产经营主体提供产前、产中和产后全过程综合配套服务的网络体系，是一个庞大复杂的有机系统，包括科技服务、生产服务、植保服务、市场信息服务、采购服务、销售服务、加工服务、信贷服务、生活服务等。

发展多种形式适度规模经营，培育新型棉花经营主体，是增加棉农收入、提高棉花产业竞争力的有效途径。健全完善的棉花生产社会化服务体系，是建立现代规模化经营的棉花产业组织结构，实现小微型经营棉农与现代棉业市场衔接的有效载体。

支持棉花生产保护区县域建设区域性棉花生产服务中心、棉花产业协作服务中心、棉花产业技术信息服务中心以及全省棉花产业信息移动互联终端服务体系。引导重点发展小农户急需的棉花生产农资供应、绿色生产技术、棉花副产品物资源化利用[5]、农机作业、棉花主副产品收购加工等服务领域。按棉花自然生态条件搭建重点植棉大镇棉花生产性服务综合平台。

山东省曾是全国最大的植棉省份，植棉历史悠久，棉作历史、传统耕作文明的传承影响了几代人的生活梦想，以此成就了山东省具有高度国际竞争力的棉花产业经济强省地位。山东省正处于打造乡村振兴齐鲁样板的农业农村发展优先的新时期，科学调研、积极做好棉花补贴机制调整，加快现代棉花生产体系、产业体系、经营体系重构，狠抓各项棉花产业政策落实，加快推进山东棉花产业振兴。

参考文献

[1] 王延琴，杨伟华，许红霞，等. 我国棉花生产成本与收益调查与分析[J]. 中国棉花，2010，37（11）：8-9.

[2] 山东省统计局，国家统计局山东调查总队. 山东省统计年鉴[M]. 北京：中国统计出版社，2018：283.

[3] 山东省人民政府办公厅. 关于做好粮食生产功能区和重要农产品生产保

护区划定工作的实施意见 [EQ/OL]. http：//www. shandong. gov. cn/art/ 2018/2/13/art_2522_11245. html，2017-12-07.

[4] 中共中央，国务院. 中共中央国务院关于实施乡村振兴战略的意见 [EQ/OL]. http：//www. gov. cn/zhengce/2018-02/04/content_5263807. htm，2018-02-04.

[5] 王桂峰，徐勤青，王安琪. 关于加快推进山东省棉秆肥料化应用的建议 [J]. 中国棉花，2017，44（3）：13-15.

近二十年全国及山东棉花生产格局变化与山东省棉花生产保护区支撑体系构建实践思考

王桂峰 1　纪凤杰 2　张捷 3　徐勤青 1　王安琪 4

（1 山东省棉花生产技术指导站，山东，济南　250013；
2 山东省财政厅农业处，山东，济南，250002；
3 山东省农业厅财务处，山东，济南，250013；
4 中国人民银行海口中心支行，海南，海口 570105）

摘要：近二十年来，我国棉花生产由于受自然条件、技术和市场等诸多因素影响，生产格局急剧变化调整，由长江流域、黄河流域和西北内陆三大棉区"三足均衡鼎立"演变为西北内陆棉区"一足独大"的棉花生产区域加快集中走势，被削弱之"足"面临巨大的产业变革压力。为了优化农业生产布局、保障重要农产品有效供给，作者梳理分析了棉花产业的走势及发展支撑，提出了推进山东省棉花生产保护区支撑体系构建的基本思路及建议。

关键词：棉花生产；格局变化；生产保护区；支撑体系

山东省是全国传统棉花生产大省、纺织品服装业大省，近二十年来，随着我国棉花生产格局急剧变化，山东省棉花种植面积、产量收缩减幅较大，传统植棉区域加速集中。自 2017 年到 2019 年，山东省棉花实际种植面积已连续三年低于国家规划的山东省棉花生产保护区 26.7 万公顷规模的 31.27%，因此，梳理分析近二十年全国及山东省棉花生产格局变化调整，对推进山东省棉花生产保护区支撑体系的构建，稳定棉花生产、促进棉花产业振兴具有重要意义。

一、近二十年来全国及山东省棉花生产格局急剧变化调整，均出现由"三足鼎立"演变为"一枝独大"的棉花生产区域加快集中走势，棉作生产结构性市场优化、区域异质化调整加剧

我国棉花单产水平较高，自 1986 年到 2015 年一直是全球棉花产量第一大国，2015 年后变为第二棉花生产大国、主要的棉花进口大国、第一原棉消费国。近二十年来，我国棉花生产格局呈现从东到西、从北到南分别随劳动力稀缺度和光热水土自然资源禀赋丰腴度的市场化、产业结构优化的变化而调整变迁，棉花生产格局呈现区域性萎缩、集中，棉花面积、产量呈现波动性减、稳走势。

（一）2001—2018 年全国棉花生产情况分析

2011 年我国加入 WTO，经济贸易融入全球化，工业化、城市化加快，农村劳动力结构调整和稀缺变化带动农业劳动成本持续增长、要素价格快速上扬，促使农业结构特别是种植业结构由劳动密集型向资本密集型、技术密集型结构变化。因此，我国内地棉花生产不断由气候条件适宜、种植基础好、产量水平高的优势区域宜棉区域向次宜棉区、盐碱地、旱薄地、边际区域随机离散分布，内地棉花种植优势区域生产布局集中度降低、集中度曲线斜率为负数。到 2018—2019 年度，全国棉花生产区域化布局已演变为西北内陆（主要是新疆）"一枝独大"，内地黄河长江"两河"流域为少量补充的棉花生产供给格局。

2001 年至 2006 年全国棉花生产基本平稳，植棉面积及产量基

本呈增长态势，2006 年全国棉花生产达到历史最高值，植棉面积为 5 815.67 千公顷，皮棉产量为 753.28 万吨。随即总体突现"拐点"，植棉面积及产量基本呈现逐步走低态势，2017 年全国植棉面积降至最低，仅 3 194.7 千公顷（4 792.5 万亩），总产量为 548.6 万吨。

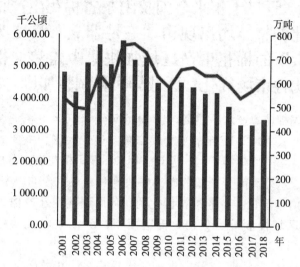

图 1　2001—2018 年全国棉花面积、产量情况

根据国家统计局发布数据，2018—2019 年度全国棉花种植面积为 3 352.3 千公顷（5 028.5 万亩），同比增长 4.9%；总产量为 609.6 万吨，同比增长 7.8%，但是分别比最高的 2006 年降低 42.3%、18.9%。2018 年新疆棉花种植面积为 2 491.3 千公顷、产量为 511.1 万吨，分别达到全国植棉面积的 74.32% 和全国棉花产量的 83.84%，新疆棉花市场地位举足轻重。

（二）2001—2018 年山东省棉花生产情况分析

山东省是全国棉花传统生产大省，多年为内地第一产棉省，近年来，植棉面积和总产量呈现持续"双低"走势，基本为种植业结构调整优化的一个缩简版。

1. 山东省棉花生产情况

2001—2004 年山东省棉花生产面积及产量基本呈增长态势，2004 年全省棉花生产、产量达到 21 世纪以来的历史峰值，植棉面积为 1 059.85 千公顷（1 589.78 万亩）、皮棉产量为 109.8 万吨。2005—2008 年，植棉面积在 802 千～890 千公顷处波动变化。自 2008 年之后，全省棉花单产缓慢增长而植棉面积和总产量连续 12 年加速缩减，至 2018 年植棉面积仅 183.3 千公顷（274.95 万亩）、产量 21.7 万吨，分别占全国植棉面积的 5.47％和全国产量的 3.56％。2001—2004 年山东省棉花种植面积、产量在全国的比例渐增，2005 年后，全省棉花种植面积快速波动缩减。

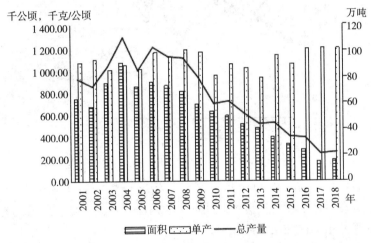

图 2　2001—2018 年山东省棉花面积、产量情况

2. 山东省三个植棉集中棉区棉花种植面积、产量情况分析

经过农业结构市场化调整，至 2005 年左右，山东省基本形成了鲁西南、鲁西北和鲁北三个植棉集中棉区。即以济宁、菏泽为主产区的鲁西南棉经套间作高效生态两熟棉区，以聊城、德州、济南为主产区的鲁西北黄河故道沙壤土一熟、两熟混作棉区，以滨州、东营、潍坊北部黄河三角洲滨海盐碱地为主产区的鲁北一熟春作棉区。

（1）山东省三个集中植棉区植棉面积情况分析。2001—2004年，全省三个集中植棉区棉花播种面积均凸显增长态势[1]；2004—2008年植棉面积波动调整；2008—2017年，全省总体上植棉面积加快缩减。鲁西北植棉区占全省植棉面积比例逐步减少，从2001年的37.5%降为2017年的10.8%。鲁西南植棉区和鲁北植棉区占全省植棉面积比例基本呈增长态势。

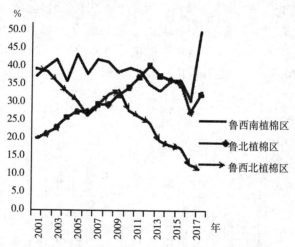

图3　三个集中植棉区植棉面积占全省植棉面积比例变化情况

（2）山东省三个集中植棉区产量情况分析。2001—2008年，全省棉花生产的传统产区缩减明显，鲁西南蒜麦茬（提别是蒜茬植棉规模）植棉区域集中度相对显著。

21世纪前10年，山东省常年植棉面积一直稳定在533.3千公顷（即800万亩）以上，其中2009年在666.7千公顷（即1000万亩）以上；棉花总产基本稳定在800千吨左右，其中2004年、2006年过百万吨之上，单产水平2008年达到1172千克/公顷。自2008年山东省棉花生产量以年均面积61.87千公顷、产量72.3千吨降幅出现加速下滑，2017年棉花种植面积已下降到174.68千公顷、产量207千吨，植棉规模总产降至1949年以来最低水平。2018年出现企稳，棉花面积、产量适度反弹，分别为183.3千公顷、217 千吨，2019 年又小幅缩减。

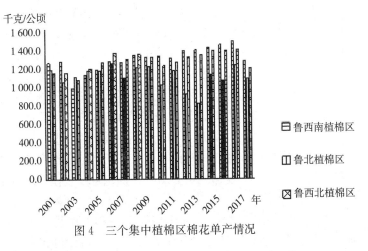

图 4　三个集中植棉区棉花单产情况

表 1　2001—2018 年山东省棉花种植面积及产量统计情况

年份	种植面积 （千公顷）	总产量 （千吨）	皮棉单产 （千克/公顷）	年份	种植面积 （千公顷）	总产量 （千吨）	皮棉单产 （千克/公顷）
2001	735.40	781	1 062.00	2010	624.34	590	945.00
2002	664.83	722	1 086.00	2011	582.93	608	1 043.00
2003	882.29	877	994.00	2012	507.91	514	1 012.00
2004	1 059.85	1 098	1 036.00	2013	470.21	434	923.00
2005	846.00	846	1 000.00	2014	393.94	442	1 122.00
2006	890.34	1 023	1 149.00	2015	325.34	339	1 042.00
2007	855.22	951	1 112.00	2016	279.05	329	1 179.00
2008	802.05	940	1172.00	2017	174.68	207	1 185.00
2009	686.36	790	1 151.00	2018	183.30	217	1 184.25

2019 年春季，据山东省农业农村系统统计核定，2018 年植棉

统计显示，鲁西南植棉区（主要是菏泽、济宁市的金乡蒜棉产业模式 5 县区域）植棉面积为 92.75 千公顷，已占全省植棉面积的 53.48%；滨州、东营、潍坊三市传统滨海盐碱地植棉区构成的鲁北植棉区的植棉面积为 50.25 千公顷，占 28.98%；德州、聊城、济南三市形成的鲁西北黄河故道植棉区的植棉面积为 23.87 千公顷，占 13.77%；其他市植棉面积占 3.77%。山东省棉花种植区域主要分布在鲁西南、鲁北、鲁西北传统植棉区 16 个县（市、区），传统棉花生产区域大幅缩减，原有鲁中棉花产区进一步细碎微域化，鲁西南宜棉区棉蒜椒"两白一红"三元高效棉作产业模式强力支撑的规模化和集中度加大，对山东省棉花生产规模缩减牵阻作用较大。

2018 年鲁西南宜棉区的棉作高效生态模式棉花套作面积为滨海盐碱地比较优势植棉区的 1.85 倍，2019 年占比可能相对扩大到 2 倍，且棉花单产一直处于领先并逐年稳定略增，已成为全省棉花规模最大的集中区域。

当前，全省植棉业总体基本面持续缩减态势已出现牵阻性缓慢。2019 年，据省棉花生产技术指导站生产综合调度数据，2019 年全省植棉面积对比上年度略减，预计约 173.33 千公顷以上。

二、山东省棉花生产发展面临的问题和全国棉花生产格局变化对山东省的影响

山东省棉花生产区域分散、主体老龄化凸显加重，专业化、规模化、机械化程度低而显著，众小微植棉户不能融入棉花产业、市场，全省植棉业单作主业化降低 50%，对山东省棉花产业发展影响日渐加深。

（一）棉花生产面临的主要问题及成因

全省棉花生产的市场导向体制机制基本缺失及不健全，传统植

棉业态的长期惯性与现代棉花产业相互隔离，地方棉花生产区域技术标准化体系形成难度加大。

1. 棉花生产比较成本高、比较效益偏低

据山东省棉花生产技术指导站 2019 年 2 月调度数据，经对全省 6 个产棉市的 11 649 户棉农调查统计，2018 年种植棉平均籽棉产量 3 537 千克/公顷，植棉收入（含棉籽）23 400 元/公顷、植棉成本 19 410 元/公顷，植棉纯收益为 3 982.5 元/公顷。

2018 年植棉与种植粮食效益对比。据抽样户调查，小麦、玉米两熟平均纯收益为 11 760 元/公顷，小麦、玉米两熟农作比纯作一熟春棉多收入 7 776 元/公顷。

2. 棉花全产业链条节段化分离，其一、二、三产脱节，全产业资源要素配置效率低

棉花良种原种繁育保种运行体系及育繁推一体化机制，是棉花生产的关键技术基础和前提条件，全省棉花品种基础研究、技术应用研究、良种繁育推广的产业融合机制和一体化体制的市场化运行乱象，第三方监管机制的缺失及不健全，致使棉花遗传品质、生产品质相差很远，棉花商品品质和质量得不到基本保障。

随着内地棉花生产层面的大幅缩减，长期处于地方棉花生产及种植和棉花消费的棉纺服装企业产业两端的棉花 400 型轧花仓储设施及 200 型轧花仓储设施体系孤立运营，并且大多已以转型、转移、转产的方式分散瓦解。这既是棉花供给侧结构性问题一大成因，也是地方棉花生产不能形成产业、无法形成产业链机制运行，棉花一、二、三产业的互不融合的主要产业障碍。

3. 棉花生产比较效率及产业素质低，棉花产业下行压力大

根据 2018 年全国及各省（区、市）棉花生产情况，综合分析可得以下结论：

2018 年新疆播种面积占全国总播种面积的 74.3%，棉花产量占全国总产量的 83.8%；2018 年山东棉花播种面积占全国总播种面积的 5.467%，棉花产量占全国总产量的 3.56%。

棉花生产率比较：山东 21. 7/274. 95 = 7. 89%；新疆 511/3 737＝13. 67%。

通过山东省 2018 年棉花生产与纺织服装业主营业务收入（此可粗略算为产值）比较棉花产业素质情况：

据省纺织服装协会统计，2018 年山东省纺织服装业就业熟练劳动力约 89 万人，准收入 1. 2 万亿元。

2018 年度植棉面积 275 万亩，约占用全年劳动力 12 万～15 万人；棉花种植总收入为 47. 52 亿元。

棉花一、二产业人均劳动产值比值分别为 2. 345%、2. 885%；即植棉业（棉花一产业）为棉花二产业人均劳动产值的 2. 345%～2. 885%。

由此分析，山东省棉花生产率明显低于新疆，棉花生产萎缩及产业衰退较重，其本质是全要素生产率低，相对新疆棉业产业技术水平、机械化、规模化程度较低；产业链条局部缺失，不完整，上下游结合不紧密。

棉花生产供给侧传统生产要素处于加速净流出状态，棉花产学研不耦合、三次产业不融合、棉粮饲不结合、产供需不契合。棉花生产供给的区域性种植结构性问题，阻滞了棉花产业的市场化融合运行，导致地方区域棉花生产非标准化、非专业的零散态势，不能形成产业。低效的棉产业环节不能形成高效产业链、高质价值链，无序化的棉作生产、孤立运行的产业段更不能集群化。

山东省棉花生产萎缩衰退，其本质是棉花生产原有传统生产要素比较优势的衰退，重大技术突破、核心技术更新滞后和规模效应微弱，产业中下游前置一体化、内部化体制机制关键环节点缺失。农业部的棉花良种补贴种植结构调优效果开始显现，就被 2011—2013 年棉花三年"临时收储"颠覆，导致我国内地棉花产业体系出现"结构性陷阱"，棉花低端产能价高过剩，产业结构不合理问题集中爆发，加速了我国棉纺织主要原料——棉花纤维替代品涤纶短纤、粘胶短纤涌现及量的快速倍增、质的升级转型。

（二）全国棉花生产变迁格局对山东棉花产业的影响

山东棉花产业已呈原棉原料和棉纺织服装产品"两头在外"的产业特点和市场特征，全国棉花生产的格局对山东省棉花产业影响加深。

1. 新疆棉以及外棉对山东棉花生产的下行压力加大，导致棉花产业交易成本增加，棉花产业域外转移加快

2018 年，西北内陆棉区面积和产量分别占全国的 75%、84.4%，据此综合分析，从 2019 年开始 3~5 年内，新疆棉极有可能分别达到全国面积、产量的 80%、90% 以上。

从目前全国棉花生产走势和新疆实施的棉花目标价格政策效果分析，通过 2019—2020 年度总体经济运行及棉花消费、贸易情况综合估计，山东省棉花生产面积、总量 3~5 年内，很可能持续下降到 2018 年面积、总量的 60% 左右，即棉花生产面积在 11.33 万公顷、产量在 14.4 万吨左右，加快棉花产业中下游结构性域外转移。

2. 稳定全省棉花生产难度较大、不确定性增加，棉农增收难

2018 年全国棉花单位面积产量 1 818.3 千克/公顷（121.2 千克/亩），比 2017 年增加 49.2 千克/公顷（3.3 千克/亩），山东省棉花单位面积产量为 1 184.2 千克/公顷（78.95 千克/亩），居于全国第 7 位。

山东棉花单产低于全国平均水平，全要素生产率较低，棉花生产效率、集约化程度远低于新疆，加之中美贸易摩擦的不确定性，2019—2020 年度全省籽棉收购价格降至在 2.5~3.0 元/千克，低于上年度同期 0.7~1.2 元/千克，平均下降 35%，全省主要产棉区域基本萎缩至非主导型产棉区、次宜棉区及自然资源风险区。棉花生产经营主体和服务主体老弱结构突出，人力资本程度较低，自然和市场风险同步加大，保持棉农增收、稳定全省基本棉花产能形势更加严峻，棉花产业面临衰退。

表 2　2018 年全国及各产棉省（区、市）棉花生产情况

地区	种植面积（千公顷）	皮棉单产（千克/公顷）	总产量（千吨）	地区	种植面积（千公顷）	皮棉单产（千克/公顷）	总产量（千吨）
全国	3 352.3	1 818.3	6 096	河南	36.7	1 033.3	38
天津	17.4	1 023.3	18	湖北	159.3	937.6	149
河北	210.4	1 137.3	239	湖南	63.9	1 341.0	86
山西	2.6	1 399.2	4	广西	1.2	859.1	1
江苏	16.6	1 241.0	21	四川	4.0	991.3	4
浙江	4.2	1 402.3	6	贵州	0.7	989.6	1
安徽	86.3	1 025.6	89	陕西	7.1	1 350.0	10
江西	45.6	1 495.7	68	甘肃	21.5	1 637.2	35
山东	183.3	1 184.2	217	新疆	2 491.3	2 051.5	5 111

三、全国棉花生产保护区的规划布局和山东省棉花生产保护区划定情况及其支撑体系构建的必要性

　　国家为优化农业生产布局、保障重要农产品有效供给，2017 年 4 月 10 日以国发〔2017〕24 号文件确定了我国棉花生产保护区的区域生产格局和总体规划框架[3]，明确划定棉花生产保护区 233.3 万公顷（全国 3 500 万亩），新疆 160 万公顷（2 400 万亩），占全国的 68.57%；内地山东、河北、安徽、湖北、湖南五省 73.33 万公顷（1 100 万亩），占全国的 31.43%。其中山东 26.7 万公顷（400 万亩），占全国的 11.43%，山东省是内地棉花生产保护区最大的省份，其棉花生产保护区划定已于 2018 年底基本完成[4]。全省 400 万亩棉花生产保护区分布在 8 个市 55 个产棉县（市、区）。基于新疆水资源和内地"两河"流域棉田细碎化随机化经营

形势的日趋严峻以及棉花基础性重要农产品、大宗农产品社会公共产品属性，国家规划棉花生产保护区，既体现了我国棉花生产的地方区域化生产优势布局，也体现了我国以新疆为主体、以内地"两河"流域作为必要补充的棉花产业基本产能安全政策、规划保障政策创设总体格局。

国家统计局 2018 年统计数据显示，全国棉花种植面积为 3 352.3 千公顷（5028.5 万亩），比 2017 年增加 157.6 千公顷（236.4 万亩），增长 4.9%，其中，新疆植棉面积为 2 491.3 千公顷（3 736.95 万亩），占全国的 74.3%，新疆棉花产量为 511.1 万吨，占全国的 83.8%。由于棉花生产的市场化、种植业结构持续调整、棉花产业链条衔接长短运行效率、棉花补贴标准差别化政策，全国棉花主产区域变化已偏离全国棉花生产保护区的区域基本框架。山东已于 2017 年、2018 年连续两年实际棉花播种面积低于国家规划的山东省棉花保护区规划面积的 34.5%、32.5%。

山东省自 2018 年开启经济发展新旧动能转换重大工程，纺织服装业作为山东五大万亿级产业之一，既是传统优势产业，也是当地广大农民及城镇职工创业就业和收入的重要渠道。据山东棉花产业系统统计和山东省棉花生产技术指导站 2017—2018 年棉花层面点交叉综合调研分析，2018 年山东省仍有 160 万～200 万农民主要从业棉花生产，纺织服装产业规模以上企业 3 700 家，全行业平均用工规模约 89 万人，棉花全产业从业人员在 260 万～300 万人，棉花产业分布在山东省传统植棉区 8 市 23 县（市、区）。2017—2018 年全省纺织服装业销售收入在 1 万亿～1.2 万亿元，其中纺织服装出口 1 521.4 亿元，增长 5.4%，国内贸易限额以上单位主要商品销售中，服装、鞋帽、纺织品类增长 7.3%。

从全国棉花生产保护区布局及变化看棉花产业经济，从山东棉花产业经济看棉花生产，需要以国家棉花生产保护区为产业组织切入点，拉长延伸棉花产业链、提升价值链，是保持我国棉花产业国际竞争力根本着力点，山东棉花生产保护区基本产能的有效支撑体系构建，对于保持地区经济社会的稳定发展仍有重要影响。

四、推进山东省棉花生产保护区支撑体系构建的基本思路、建议

棉花生产专业化、区域化、标准化是棉花产业稳定发展的基本条件，棉花生产保护区的规划及支撑体系建设是棉花作为重要农产品实现安全生产的保障。因此，科学构建完善棉花生产保护区支撑体系，不仅是实现棉花生产保护区功能规划创设的运行体制机制保障，也是推进传统棉区农村产业振兴的重要措施[5]。棉花生产保护区支撑体系，包括构建现代棉花生产体系，要优化棉作方式和种植结构，实现棉花专业化、区域化生产供给契合产业和市场结构需求，提升完善资源环境条件，保持棉花生产稳定可持续发展，包括棉业科技、社会化服务、棉花及副产品加工、棉纺织品服装、市场流通、人力资本、信息咨询等产业支撑，以提升棉业现代化水平、棉业抗风险能力、国际竞争能力、可持续发展能力。

棉花生产保护区支撑体系构建，要明确是在农业市场化、农业农村结构调整优化、推进农业供给侧结构性改革和乡村产业振兴宏观环境下，推进植棉业微观组织主体在国家棉花产业政策支持引导下，通过市场导向、技术创新、产业融合、金融支持和提升人力资本支撑的综合系统工程。

山东棉花生产保护区的支撑体系构建基本思路，以提高棉作高技术产业融合综合比较效益、提高比较劳动生产率、全要素生产率为着力点，全面夯实提高稳产高产棉田基础设施和生产条件，完善棉花产业公共服务、公共产品保障体系效能，建立现代棉花产业和国际市场导向的标准化、专业化绿色高质品牌棉花高效供给系统。

棉花生产保护区的支撑体系构建基本途径是，强化棉花生产保护区稳产、高产、高质产能基础能力和生产条件建设，建设旱涝保收、生产路水网电齐全的高标准农田；保持棉花补贴政策稳定并引入棉花产业融合、绿色高效高质发展方式、目标价格保险和收入保险金融支持，发展订单棉业、电商棉业，推进棉花产业内部化；加

快棉花全产业关键技术集成创新，深化传统棉作制度创新，全面加快调整优化种植业相关联结构，实现棉花生产新业态、新技术、新产业区域化格局；构建棉花生产与棉花产业链接高效协调运行的体制机制；以高技术、高效能棉花产业带动壮大新型棉花经营主体发育的配套机制，实现多种形式的规模化效应，加快棉花产业链拓展，促进棉花社会化服务组织的发展；提高全产业资源配置效率，注重技术创新与产业创新，推进地方棉花产业区域集群化发展[6]，形成棉花生产区域棉作产业布局合理、设施完善、产能提升、管护有力、棉花产业现代化的生产保护区高效运行体制机制。

山东棉花生产保护区支撑体系的结构、产业、组织、技术主要措施：

（一）全面科学规划，调整优化棉花生产保护区棉作种植结构生产力布局，启动实施全省棉麦、棉蒜、棉饲绿色高效种植推进技术工程（即全省种植业结构棉作传统产业模式调优提升技术工程）

优质短季棉绿色高效技术，是一项新技术、新植棉业态，又可以拓展为新产业。试点示范推广优质短季棉及配套农艺技术，调优传统棉作区域种植业结构，分摊棉花生产成本、提高棉花生产综合效益。

以优质短季棉绿色高效技术为主导，调整优化产业技术主线，试验示范小麦收后直播短季棉、大蒜收后直播短季棉、小黑麦或燕麦收后直播短季棉，进行种植业传统区域棉作模式的调整，更新鲁南传统的小麦—玉米、全省大蒜套种棉花、鲁北滨海盐碱地生产区域的一年一熟的棉作模式。在泰安市东平县以南的鲁西、鲁豫苏皖边界区域的县（市、区）进行麦收后直播优质短季棉，并在全省大蒜产区进行蒜收后直播，在鲁北滨海盐碱地推进小黑麦、荞麦收获后直播短季棉。

在光热水土适宜的鲁南、鲁西南"粮棉"单作区，加快试点试验，示范推广麦后棉，建立麦棉两熟的"粮棉双安"产业提升模式，并由于棉花的纤维、饲料、油料作物功能兼具的生物特性，可实现部分大豆进口技术结构性（饲料蛋白）优化替代；蒜后棉、饲料作物收后直播短季棉产业模式，同时实现了鲁西南大蒜主产区土壤修复净化、鲁北盐碱地有机质提升的耕地质量维护的经济型生物技术措施保障，极具绿色高效产业价值。

在全省构成三套生产生态绿色高效种植模式，形成技术标准6项、生产技术规程30项，以开拓发展短季棉新植棉业态，确保稳定并适度恢复绿色高效棉花生产新增230万亩规模，以此将有力地支撑全省400万亩棉花生产保护区基础产能。

（二）以提高产业效率为重点，推进现代棉花生产体系创建，建立新兴经营体系发展壮大的产业形成机制

棉花产业成就新兴（新形）专业型（职业、产业）农民，是变革棉花生产体系、培植家庭农场主的实验技术工程基地。整合创新棉花产业规划政策、财政金融政策高效供给，引导棉花二、三产业资本带动建设高端宜纺性区域化优质专用大型商品棉生产基地，支持棉花产业资本参与组建棉花生产全程社会化服务的现代棉业支撑的组织体系，鼓励棉花纺织产业资本产业链延伸前置化，根据市场重组规模化、专业化的棉花生产经营主体组织。

（三）加快发展产业高效运营体制机制环境的适度规模经营，提高棉花产业社会化服务水平

强化推进棉花生产保护区的所有棉花生产形态加快融入当地或区域的棉花中高端产业链条组合高效运行体制机制内的棉花社会化服务体系，加大新型经营主体、服务主体职业化培育机制，推进棉花生产全域中高端棉企的订单生产，实现棉花产业融合，提高产业链水平。

以重建基层完善的棉花现代化生产技术公共服务机构为依托，

构建棉花生产全程的多元化社会化服务体系，整合农技推广、市场服务能力，综合物联网技术、云端技术、传感器技术建设棉花智能化管理系统等现代棉业技术示范体系。

（四）建立棉花生产保护区域化良种保种繁育质量供给体制，推进棉花产业资本创建市场导向型产、研、学、推一体化技术应用平台

着眼于内地棉花种业市场化非标化现状，重建棉花良种繁育保种及育繁推一体化技术体系，加快棉花宜纺适纺高端品种选育技术重大突破和内地棉花生产中小型机械化（包括中小型采棉机）关键技术集成创新，为棉花生产经营规模化提供新的机械化全程作业空间。加快建设鲁北滨城、惠民棉花原种良种繁育基地建设和平度、东平杂交棉制种生产基地，保证棉花良种的标准化和市场供给质量。

建设棉花生产保护区地方区域现代棉花生产综合技术试验站，规划建设省、市、县三级联合配套协调的棉花原种繁育体系及种质资源基地、高适纺棉花新优品种与综合农艺技术展示区。

（五）加快启动国际棉花品牌山东属地化技术工程实验示范，形成新型棉花生产体系

根据鲁北、鲁西北以及鲁南部分植棉区的光热、降水量等自然禀赋、棉花产业资本密集度、高技术产业熟化度，加快实验总结"澳棉""美棉"和以色列"技术集成棉作"品牌模式的系统化技术标准规范体系，同步优化最适纺性品种、技术集成、适宜产区，形成本省属地化的地方技术标准及生产技术规程，构建新型棉花生产体系、重构产业体系、培育产业型经营体系，实现进口结构技术性替代、优化出口结构。

加快调研推进黄三角滨海 36.7 万公顷盐碱地资源的比较优势植棉区专业化国家级大型生产基地建设，直接实现高端棉纺产业国际市场需求的"一区一品"，无"三丝"的专业化、机械化、规模

化、现代棉业的新型生产主体、服务主体高效专业化、产业化新型战略性棉区新产业格局。

总结破解经营主体、适度规模经营两大棉花生产体系的制约瓶颈，提高生产效益和市场竞争力。

（六）推进棉花生产生态植物生理研究，推进棉花副产品重大技术创新的主商品产业化，开拓棉花生产新业态

实验总结棉花超吸附土壤重金属离子以及耐盐碱、抗逆环境生理特性的最适品种、最优种植制度，在鲁中和东部试验示范推广棉花间作、轮作菜瓜果，实现蔬菜瓜果产区的清洁修复性的生产生态互作产业技术效率模式，拓展形成棉经正向互作的高效率新兴棉区。

加大棉花传统的副产品优质高商品率应用技术重大创新研究，提高棉籽油高档食用品商品化、棉籽仁高蛋白饲料产业化、棉秆籽壳生物肥料化及药用菌食用菌基源化，延长棉花高端商品的高链，开拓棉花传统副产品的高新技术主业化的新产业、新业态。

（七）推广棉花目标价格保险金融支撑方式，进行棉花收入保险试验试点，创设棉花生产保护区现代金融支持政策

在 2019 年全省 6 个县区棉花目标价格保险试点基础上，总结推广实现棉花大县全覆盖。建立政府、银行、保险＋期货公司机构协调机制，扩大棉花生产价格和收入保险试点、小额贷款保证保险试点，推动棉花生产保护区农业保险全覆盖，健全现代金融支持机制。

（八）加强棉花补贴政策支持，建立长效的棉花生产稳定政策支持机制

加强棉花生产保护区补贴政策改革调研，重点围绕棉花生产发展与棉花产业高效运行机制再造，创新棉花补贴资金高效使用机制，积极推进全省棉花生产保护区域内涉农资金统筹。完善以棉花

生产绿色发展为导向的棉花目标价格改革补贴制度，增强棉花传统生产要素的支撑力，强化引导新生产要素的流入。

（九）围绕棉花供给侧结构性改革和产业融合机制，建立现代棉花产业组织运行架构

以强化稳定 26.7 万公顷棉花生产保护区的基本优质产能为基础，梳理规范棉花生产保护区域生产结构的非标化、零乱的棉花产业节段，优化重组棉花生产结构。加速推进棉花生产适应棉花消费市场的根本转变，建立棉花生产保护区高质量生产和产销衔接有效融合的棉花组织机制。构建棉花产业全产业链融合发展机制，推进建设棉花产业园区并形成产业集群规模经济体系高效运行基本架构。

根据全省目前棉花生产与棉花产业经济的焦点，要强化地方棉花生产及植棉业态结构有序融入棉花产业经济质量运行高效发展体制机制的内部化。要注重改变地方棉花生产，改变不能形成棉花产业，棉花产业不能形成地方生产区域化产业链的植棉业窘境。加快规模化、机械化、社会化服务的区域化生产集中统一，加快形成棉花生产区域化、规模化、标准化、专业化格局。

我国内地棉花定额补贴政策实施效果及完善内地棉花支持保护政策建议

王桂峰　　魏学文

（山东省棉花生产技术指导站）

我国棉花市场化改革 20 年来，棉花产业发生了历史性重大变化，棉花产量、消费量、纺织品服装出口量均位于世界前列。但近 10 多年来，我国棉花产业经济在进一步发展壮大的同时，棉花产能却逐年加速下降。全国三大主产棉区（黄河流域、长江流域、新疆棉区）种植规模占比已从"三足鼎立"到新疆占"半壁江山"，逐步演变为今天的内地棉区与新疆棉区渐进的"二八现象"。内地棉区大规模缩减，棉花产业经济传统地理比较优势已难以重现。针对内地棉区严峻的棉花生产形势，近年来国家陆续出台一系列支持保护政策，取得了一定效果，但也存在诸多问题，现将有关情况报告如下。

一、新疆棉花价格补贴改革和内地棉花定额补贴政策实施背景、方式及效果

（一）实施背景和方式

按照国务院关于完善农产品价格形成和市场调控机制的部署，为加快破解 2011—2013 年连续三年的棉花临时收储政策期间形成的"外棉入市、国棉入库"的内外棉花价格、质量双"倒挂"和棉花产业国际竞争力严重下降系列问题，自 2014—2015 年度起，国

家取消了临时收储政策，探索推进棉花目标价格改革政策，并在新疆率先试点。2014—2016 年，新疆棉花目标价格分别为每吨19 800元、19 100 元和18 600 元。

在新疆实施棉花目标价格改革试点的同时，2014 年国家对内地9 省施行棉花定额补贴政策，标准为新疆目标价格标准的60%，以每吨2 000 元为上限。补贴范围覆盖山东、湖北、湖南、河北、江苏、安徽、河南、江西和甘肃9 省。继 2014 年中央财政对内地9 省补贴之后，天津市地方财政承担本市的棉花定额补贴。至此，内地实施种植棉花补贴的省市实际增至 10 个，即形成了我国内地棉区"9 省＋1 市棉花定额补贴模式"。在具体执行中，各省（市）全部是按照棉花种植面积补贴方式及统一补贴标准对棉农实施补贴，基本上实行的是棉花种植面积范式标准的简单简化的"普惠制"。

（二）新疆和内地不同补贴政策实施效果

国家对新疆与内地棉花差别化补贴政策导向，取得了积极成效。一是在一定程度上缓解了棉花种植比较成本过高的压力，短时期、暂时性校衡熨平了农民种棉不划算的心态，保持了一定程度的植棉意向，在一定的时期区间内对稳定内地棉区和棉花生产发挥了缓冲效果，差别化地保护了棉农基本收益。二是**改革完善棉花市场价格形成机制**，发挥了市场对价格形成的主导作用，实现了棉花收购从过去"政策市"向市场"预期市"的转变，国内棉价与国际价格逐步接轨，价差持续收窄，促进棉花产业上下游协调发展。内地棉花消费量由三年"临储期间"逐步递减，逐步发展为"三年定额补贴"期间稳中略增的态势。三是**进一步促进了新疆棉花供给侧结构性改革**。2017 年，新疆开展了棉花目标价格改革补贴与质量挂钩试点工作，鼓励棉农和加工企业通过分等采摘、分级堆垛及加工等方式提升质量，有效巩固和提高了新疆棉的质量和品牌。

二、内地棉花定额补贴的外延式政策存在的问题和不足

在新疆实行棉花目标价格改革试点、内地"9省＋1市"棉花定额补贴区别化政策环境下，我国棉花产区格局形势发生了很大的变化，新疆棉花面积稳定集中度增加、内地棉区规模锐减。凸显出内地棉花定额补贴政策存在诸多有待调整完善之处：一是补贴标准普遍偏低，弃种棉花机会成本低，难以形成激发棉花生产主体的制度性激励，内地棉区棉业转移且离散化较重。据统计局数据，新疆棉花播种面积 2017 年比 2016 年增加 236.9 万亩，增长 8.7%，而黄河流域棉区减少 322.7 万亩，下降 24.3%，长江流域棉区减少 145.5 万亩，下降 14.9%。整体呈现西北棉区持续扩张，黄河棉区和长江棉区不断衰退萎缩，细碎化加快。二是简单固化面积均等化补助形式，缺乏明确的棉花产业结构合理化、服务化导向，内地棉花生产结构、产业结构、经营结构发育环境脆弱，棉花社会化服务体系构建缓慢。三是补贴时间的生产年度滞后及其统计口径不一，出现 2015—2016 年度棉花补贴资金结余，降低了国家补贴资金效率，并且实际补贴标准更低于棉农应获补贴数额。四是"黄箱"政策可持续性政策氛围淡化，棉花补贴政策支撑的棉花自然经济交织再生产年度的连续性存在不确定性，农民收益预期存在不确定性，不稳定性增加，内地植棉业随机化、生活自用微域化、土地资源化利用边缘边际化加重。五是补贴政策的外延式单一方式，构建内地现代棉花产业体系产业政策的不足，关联到有效推进内地棉花生产保护区的划定建设。六是补贴支持度不能平抑内地植棉人工成本持续攀升趋势导致的棉花生产成本增量加速，内地棉花生产成本持续上涨；内地棉花生产方式转变、生产社会化服务体系形成远滞后于当地经济发展水平，未能构成积极有效的棉花产业激励政策。

三、完善内地棉花补贴的政策建议

当前，尽管内地主产棉区棉花生产出现下滑态势，但棉花产业仍是农民就业创业和市场关联度高的社会基础性产业。棉花种植生产的正外部性和准公共产品性，相对于工业存在弱质性、不稳定性和农地要素不可转移性，国际市场的衍生金融性等，可能导致市场在某些方面失灵，影响棉花种植和棉花产业经济的社会基础地位，依靠市场机制不能有效纠偏或解决这些问题。为此，建议按照提高棉花生产效率、增加和稳定棉花生产从业者的收入、保障内地绿色高质棉花的供给的原则，进一步因地制宜完善内地棉花支持保护政策，引导推进内地棉花供给侧结构性改革，协调带动内地传统棉区转型升级、老棉区改造升级，实现内地棉花产业振兴，建立新时代内地棉花绿色高质高效现代棉花供给体系，保障我国棉花产业供需质量、数量结构区间平衡，稳定内地棉花优势产能，确保我国棉花产业经济体系稳定安全。

（一）优化补贴对象

内地棉花大部分补贴资金用于直接补贴棉花实际种植者，建议可拿出一定比例补贴资金结合本省实际，向棉花产业组织公共服务体系健全、产业结构发展态势合理、集中度高的宜棉区、棉花生产保护区、植棉大县（市、区）和植棉大户等新型农业经营主体倾斜，按照国家重要农产品保护区设立的标准和"集中连片、优质高产"的原则，加强棉花生产保护区建设。

（二）改进补贴方式

一是实施棉花新型保险制度。 把棉花新型保险政策机制作为防控植棉风险、稳定棉花生产的重要组织手段，开展棉花全成本保险，鼓励开展棉花"保险＋期货"等收入保险，提高种植户的风险保障，推进农产品期货期权市场建设，探索"订单农业＋保险＋期货（权）"试点。

二是支持棉花生产社会化服务体系能力提升。 支持开展棉花种植的耕、种、管、收全程社会化服务体系建设；加快棉花机械化作业的中小型机械化装备的研发及相应的农机农艺技术配置融合研试推广，支持搭建棉花产业密度化地区进行信息化、智能化棉花生产经营新业态平台，建设棉花高技术产业物联网特色示范村镇。

三是支持棉区开展耕作制度创新示范。 山东鲁西南棉蒜套种高效耕作模式的实践，充分说明耕作制度创新技术工程是促进棉业全面绿色高效可持续发展为目标的棉经饲、粮棉饲草产业生态化互作协调的产业技术形态，是农牧结合、种养结合绿色高效高质的棉花产业新模式、新业态。因此，建议根据不同棉区的生态条件和气候特点，支持棉草、棉蒜、棉麦、棉薯、棉瓜、棉花生等不同间作、混作、套作的耕作制度创新试验示范。带动内地棉业新技术、新产业、新业态、新模式发展，推进内地棉花产业融合化、生态化，加快实现内地棉区改造升级。

四是支持棉田耕地质量保护和有机质提升。 我国内地棉区多属棉作单一的盐碱旱薄地，土壤地力较差、水利灌溉能力严重不足，为促进内地传统棉区、老棉区升级改造，促进棉花产业生态化发展，启动基本棉田中低产田改造和基础设施建设，夯实棉田生产能力。加快实施棉花秸秆及副产品还田，肥料化土壤有机质提升等支撑技术工程。在环渤海湾滨海盐碱地和黄河故道沙壤土棉区进行棉秆还田肥料化有机质提升示范县试点，加快棉秆机械化还田工程、棉秆腐熟生产有机肥工程技术应用推广。

五是启动内地优势棉区棉花科技创新和重大产业技术集成示范与推广工程。 针对当前棉花品种、产业高新技术、集成技术与生产市场脱节的重大短板，引导棉花研发从生产导向转变为市场需求导向。鼓励建立以棉花纺织业（收购棉花加工业优化重组）为主体、产学研用一体化的棉花育种研发体系；重建棉花生产大县区棉花良种繁育体系，启动棉花良种繁育体系市场化产业第三方监督评价试点；重点加强棉花农机农艺工艺融合关键技术的研发，鼓励由科研机构和企业牵头，引进、研发小型机械化设备，制定棉花全程机械化生产技术标准，建立棉花全程机械化试验示范基地。

六是开展棉花产业融合示范工程。鼓励棉花大县政府牵头，依托棉花育种单位、植棉主体、加工厂、纺织企业等棉花产业链不同功能单位，深入推进棉花产业链融合示范；通过"良种选育－棉花生产社会化服务－科学种植－标准化管理－绿色采摘－精细加工（＋棉花纺织＋棉织品生产）－产品品牌化－市场消费"的产业融合模式，实现棉花产业提质增效。

（三）增强补贴政策的稳定性和时效性

建议有关部门出台内地棉花补贴政策和绩效评价意见，明确补贴的内容和产业方向，确定补贴额度，为内地棉花主产区棉花生产体系完善、完整、优化提供稳定的政策保障环境。

深化完善内地棉花补贴政策调整与组织实施，加强规范管理、审计、绩效评价、督导总结工作，支持引导内地棉花产业升级转型，培育内地棉花产业发展新动能，提高棉花产业创新能力。作为进入新时代我国支持内地棉区棉花生产可持续发展的一项农业支持保护政策，积极做好顶层规划制度创设，将会开拓出内地棉区实现棉花生产绿色高质高效发展、引导内地棉花供给侧结构性改革、促进内地棉花产业振兴的宽广发展新路径。

保持我省棉花生产稳定实现棉花产业可持续发展的建议

王桂峰　魏学文　高　涵

（山东省棉花生产技术指导站）

我省是全国重要的棉花生产、消费和纺织品服装出口大省。多年来，棉花种植面积和产量均居全国第二位，但从 2008 年开始，我省棉花生产连续十年呈严重下滑态势，在今年省"两会"期间，有 7 名代表（委员）的议案（提案）涉及棉花生产。近期，棉花顾问团组织棉花生产、科研、教学、流通、加工、纺织等方面的专家进行深入调研，着眼于棉花这一大宗经济作物商品及物资战略安全，探讨稳定发展我省棉花生产的建议对策，稳定我省棉花生产的比较优势地位。

一、我省棉花生产现状及其走势

（一）全省棉花面积、产量和区域结构情况

据农业部门调查显示，2017 年我省棉花种植面积已下降到 350 万亩，比 2008 年减少 1 204 万亩，减幅达 77％；总产量降至 32 万吨，比 2008 年减少 103 万吨，减幅达 76％，面积和总产量均已降至中华人民共和国成立以来最低点。植棉区域大幅缩减，缩居至滨海盐碱地、鲁西南 5 个县高效套作棉区及其他零星生活自用式种植的村边、田园边际区域，特别是鲁北棉区植棉面积大幅减少，其传统植棉优势已不复存在。

（二）全省棉花生产发展走势

棉花作为劳动密集型重要经济作物，当前除新疆在国家强力政策保护支持下稳中有增外，其他内地 9 个棉花主产省的植棉面积均呈下滑态势。我省作为全国第二、内地第一产棉大省，如果不采取政策措施，预计未来几年棉花生产持续下滑的状况将难以扭转。

二、我省棉花生产下滑的原因

（一）棉花品质、质量低，产不对需

我省棉花品质结构不协调、纤维一致性差、"三丝"含量高，棉花数量结构、品种结构、品质结构达不到加工企业和市场消费要求，与纺织业对高品级原棉的需求存在较大差距。

（二）棉花生产与市场脱节，三次产业融合度低

棉花生产周期长且产业链条长，涉及育种、种植、收储、加工、纺织等多个环节。多年来，棉花产业链条各环节相互隔离，信息不对称、利益分配不均衡，棉花生产供给与消费需求结构不匹配，棉花生产技术与棉花加工工艺不对称，形成生产比较效率、效益低下的"双低"局面。

（三）棉花生产的社会化服务弱，种植人工成本高

与种粮相比，植棉机械化程度较低，全年每亩用工达 20 多个，亩人工成本达 1 147 元，占植棉总成本的 72％以上，受"地板"和"天花板"双重挤压的现象明显。

（四）棉花生产基础条件差

近年来，我省棉花生产逐步向土壤瘠薄的高亢地、旱薄地、盐碱地缩居，占全省棉田面积 40％以上的黄河三角洲滨海盐碱地基础设施落后，地力水平低，大多棉田靠天吃饭，不仅抵抗自然灾害

能力弱，而且严重影响棉花产量和品质。

（五）政策支持不足

自 2008 年以来，棉花与粮食相比，生产补贴较少。2014 年尽管国家推行了目标价格补贴制度，但稳定性不够、时效性不强。近年来对棉花的扶持政策主要源于国家层面，地方财政对棉花生产和技术方面的引导扶持十分有限。

三、稳定和恢复我省棉花生产的对策建议

无论从棉花产业自身出发，还是从全省农业农村经济乃至国民经济发展全局来看，稳定和保持山东棉花传统优势和产业经济市场竞争力都具有十分重要的战略意义。

（一）切实加强对棉花生产的组织领导

建议以省政府的名义尽快出台稳定棉花生产持续发展的政策文件，整合相关资源，充分调动各相关涉棉部门的积极性，形成合力，推进全省传统棉区升级改造，加快全省棉区耕作制度创新、产业模式创新、生产方式创新，重塑山东优质专用棉花地标品牌。

（二）实施棉花产业融合创新示范县工程

根据我省三大棉区地理布局和经济结构情况，建议设立棉花三次产业融合创新示范县试点专项，在全省三个比较优势棉区，根据棉花产业集聚优势、棉花生产自然优势、棉花经济地理优势，统筹安排试点县，引导棉花生产技术研发与棉花产业资本高度融合，促进棉花"三产"融合发展，形成可复制推广的高效产业模式。

（三）实施棉花产业技术创新驱动试验站建设工程

在鲁北、鲁西北优势棉区和鲁西南棉经耕作高效棉区，以新型棉花生产经营主体和大型高端纺织企业为载体，开展棉花工程技

术、耕作技术、生物技术、信息技术、农机农艺技术、绿色生产技术集成创新试点，引导棉花产业生产方式重构，提升我省棉花产业质量。

（四）启动棉花耕作修复土壤重金融污染工程，推进全省传统棉区耕作制度创新

充分利用棉花吸附重金属离子的特性，开展全省重金属离子污染土壤的棉作修复治理工程。积极推广鲁西南棉花高效耕作制度模式，通过棉花与关联作物条带化间（套）作种植，减少重金属离子对食源性作物的富集危害，促进农业生产、生态、生活协调发展。

（五）实施黄河三角洲地区棉花产业带建设工程

科学规划黄河三角洲盐碱地开发利用，以棉作工程技术进行改造改良，探索棉作型地力培肥途径，实现"藏棉于地"。充分利用棉花改良盐碱地的特性，以植棉改良、开发盐碱地，从根本上解决粮棉争地矛盾。

（六）改进和增强棉花产业公共服务管理效能

全面提升山东棉花公共服务管理水平，根据我省优势棉区新产业、新业态、新模式发展和生产、生态、生活和谐的总要求，大力调整优化棉经结构、产业结构，推进棉花产业绿色化、可持续发展。

大力发展蒜棉套种
促进棉花绿色发展

许向阳

菏泽市经济作物站

　　菏泽市地处鲁西南，四季分明，光照充足，雨热同季，是山东省最适宜植棉的区域之一，棉花常年种植面积占全省植棉面积的1/4～1/3。在2004—2006年，菏泽市辖的巨野县植棉面积连续三年列全国百强县第四位。目前，巨野县为山东省第一植棉大县。

　　2009年以来，在农业部"棉花高产创建""棉花轻简育苗移栽技术示范""抗虫棉优质高产栽培技术推广""棉花绿色高产高效创建""棉花绿色高质高效创建"等项目的示范带动下，全市棉花种植环境不断优化，科技种植水平不断提高，单产稳步增加。

　　2014—2018年，全市棉花种植面积逐年下降，5年间棉花种植面积下降了101.45万亩；规模化、集中连片植棉区域主要集中在巨野、成武、单县等大蒜、棉花套种区域，蒜棉套种植棉面积已占全市棉花种植面积的85％以上。目前，全市棉花种植面积已经降低到90万亩左右。

　　近几年，菏泽市勇于面对棉花产业的各种困难，立足"棉花产业提质增效"，大力发展蒜棉套种，以项目带动棉花产业发展，大力实施绿色发展战略，全力推进棉花基地建设，积极开展技术培训和试验示范，提高棉农种植技术，极大地促进了棉花产业健康发展。

一、2019 年棉花生产形势较好

根据各县区农业部门 2019 年上报的农情数据，2019 年菏泽市棉花种植面积仍维持在 90 万亩左右的水平，基本与划定的棉花保护区面积相当。

2019 年前期气象条件整体上有利于棉花生产，由于前期光照充足，温度偏高，导致棉花生育进程提前，伏前桃、伏桃有所增多。

根据巨野县田间初步测产统计，全县棉花平均亩产籽棉 275 千克、皮棉 110 千克。如果后期没有大的自然灾害，2019 年棉花又将获得好收成。

二、认真实施棉花绿色高质高效创建项目

菏泽市巨野县承担了 2018 年棉花绿色高质高效创建项目。菏泽市农业局、菏泽市财政局联合下发了菏农计财字〔2018〕50 号文件，对巨野县 2018 年棉花绿色高质高效创建项目实施方案进行了批复。为了加强项目管理，菏泽市农业农村局专门对巨野县农业农村局下发了项目管理文件，一月一调度，加强项目监管；巨野县农业农村局组织实施的 2018 年棉花绿色高质高效创建项目，按照绿色发展理念，在项目区推广棉花绿色生产技术，减肥减药效果明显，已累计使用项目资金 210.67 万元，占资金总额的 79.5％。目前项目进展顺利。

三、认真做好棉花目标价格补贴工作

根据山东省农业农村厅、山东省财政厅《关于做好棉花目标价格补贴工作的通知》（鲁农财字〔2019〕5 号）和菏泽市财政局《关于拨付棉花目标价格补贴资金的通知》（菏财基〔2019〕5 号）

文件精神，市农业农村局及时召开了各县区主要负责人参加的棉花目标价格专项工作会议，安排部署棉花目标价格补贴工作，巨野、成武、单县、东明四个植棉大县，按照〔2019〕5号文件精神，紧紧围绕棉花产业振兴，扎实有效地推进棉花生产高质量绿色发展，结合棉花生产保护区，重点支持植棉大镇，加快构建现代棉花产业体系、生产体系、经营体系，示范引导棉花生产向轻简节本、提质增效和绿色高质量发展转变，积极发展订单生产，提升棉花生产综合效益，促进农民增收，提高棉花产业竞争力。

四、认真对待 2019 年棉花种植面积核定

8 月 29 日，菏泽市经济作物站召开了全市棉花工作会议，这次会议上，对山东省农业农村厅鲁农棉字〔2019〕7 号文件《关于做好 2019 年棉花种植面积核定工作的通知》做了专门安排，要求各县区按照"棉农自报，村、乡镇两级公示，县级汇总"的程序，认真做好 2019 年棉花种植面积的核定工作，在"村、乡镇两级公示"阶段，市里将结合各县区对"村、乡镇两级公示"进行抽查，要求各县区棉花种植面积核定情况，经局长签字盖章后报市经济作物站。

五、促进棉花产业稳定发展的建议

（1）引导大型棉花加工企业及棉纺织企业，结合土地承包经营权流转或棉花专业合作社、植棉大户，发展自己的高品质棉花生产基地，实现规模化种植；利用棉花相关项目资金，对发展高品质棉花订单收购的企业进行扶持。

（2）尽早出台棉花生产保护区扶持政策。完善财政支持政策，健全完善均衡性转移支付制度和棉花主产区利益补偿机制，在"棉花生产保护区"范围内建立绿色生态为导向的农业补贴制度，尽早出台棉花生产保护区扶持政策。

　　菏泽市 2019 年的棉花生产，目前虽然面临较好的生产形势，但是也要正视中美贸易摩擦对棉花产业带来的不利影响，我们要求各县区农业农村局积极对接棉花加工、纺织、服装等相关企业，发展订单生产，生产棉纺织企业所需的高等级棉花，增加棉农收入。

　　在下一步工作中，一定按照上级要求，认真做好棉花目标价格补贴项目实施和 2019 年植棉面积核定工作，大力发展蒜棉套种，确保棉花产业绿色、稳定发展。

东营市棉花轻简化生产的经验

苗兴武

东营市棉花管理站

多年来，东营市积极推广棉花轻简化栽培技术，发展棉花轻简化生产。目前，东营市单位面积植棉年用工降到 150 工日/公顷以内。东营市"利津春喜农机合作社"（也称春喜家庭农场）是东营市棉花轻简化生产的代表，据其社长王春儒介绍，他承包托管的 666 公顷棉花，全年单位面积用工可控制在 75 工日/公顷以内。

那么，东营市是如何实现棉花生产轻简化的呢？归结起来，就是"四化"。即机械化、化学化、一体化、简化。

一、机械化

所谓机械化，就是用机械代替人工。主要包括耕耙机械化、播种机械化、植保机械化、施肥机械化、中耕机械化、收获机械化等。目前，耕耙、播种、植保、施肥、中耕机械化做得较好，已经达到 100％机械化。耕耙方面广泛采用大马力拖拉机，作业效率达到 0.53 公顷/小时以上，耕翻深度可达 0.3 米以上；播种机械采用智能导航系统，播种效率高，质量好；植保机械广泛采用大型高地隙自走式喷雾机与无人机，大型高地隙自走式喷雾机单位时间作业量可达到 1 公顷/小时，无人机单位时间作业量可达到 4 公顷/小时。

二、化学化

所谓化学化，就是用化学措施减少人工。主要做法：

一是化学除草。一般在播后苗前，采用 33％ 的二甲戊灵乳油 1 500 毫升/公顷＋50％乙草胺乳油 1 500 毫升/公顷，兑适量水，混合喷雾封闭杂草。

二是化学调控棉花长势。如果是 45 000～60 000 株/公顷的常规密度，则从盛蕾期开始喷施缩节胺调控；如果密度达到 75 000 株/公顷以上，可从初蕾期开始调控；部分密度较大、地力较好的地块，可从 5 叶期左右开始调控。

三是化学调控集中吐絮脱叶。一般 9 月底或 10 月初，用 50％噻苯隆可湿性粉剂 600 克/公顷＋40％乙烯利水剂 3 000 毫升/公顷，兑适量水，混合喷雾，促进棉花吐絮和脱叶。

三、一体化

所谓一体化，就是将多种工序合在一起完成，以减少人工。主要做法：

一是运用播种、施肥、喷药、覆膜一体化播种机，将播种、施肥、喷施除草剂、地膜覆盖四道工序合成一道完成。

二是像小麦"一喷三防"一样，将可混合杀虫剂、杀菌剂，与化控剂、叶面肥混合施用，达到一工多效的目的。

四、简化

所谓简化，就是简化作业程序、减少管理环节。主要做法：

一是合理提高棉花密度，加之化控协助，免除整枝环节。

二是减少中耕次数。在播前精细整地的基础上，棉花中耕可由每个生产周期 6～8 次减少到 2 次左右，分别于定苗前后和盛蕾期进行。

三是减少施肥次数。经过试验，采用速效肥与缓控释肥相结合的方式，可以将棉花一生中所需要的肥料作底肥一次施足，减少追肥用工。

四是减免间定苗。在棉田质量高、种子质量好的前提下，采用精量播种机，将播种量控制在 15 千克/公顷以内，可以减免间苗、定苗环节。

五、主要工作

为推广棉花轻简化栽培技术，东营市主要做了以下工作：

一是搞好棉花生产技术指导。东营市农业农村局每年都及时印发《棉花备播技术意见》《棉花播种技术意见》《棉花苗期管理技术意见》《棉花蕾期管理技术意见》《棉花花铃期管理技术意见》《棉花吐絮期管理技术意见》，以引导棉农在各个生产环节落实好轻简化栽培技术。

二是加强棉花生产技术培训。每年各县区农业农村局都会举办多种形式的棉花生产技术培训，宣传棉花精量播种、采用控释化肥一次性施肥、简化整枝、系统化控、化学除草、机械化植保、棉花机采、棉花秸秆还田等轻简化栽培技术。

三是强化示范带动。东营市棉花生产技术推广部门与山东省现代农业产业技术体系棉花创新团队相结合，在棉花主产县、乡、村采取多点示范，展示棉花轻简化栽培的主要做法与效果，引导广大棉农接受使用棉花轻简化栽培技术。

六、下一步工作

根据美国农业部发布的数据，2016 年美国棉花生产付费的劳动成本为 40.95 美元/公顷、未付费的劳动成本（机会劳动成本）为 93.9 美元/公顷，劳动成本仅占总成本的 7.5%。我们与其相比还有很大差距。今后，我们会随着棉花品种的进步、生产条件的改善、农机装备水平与智能化水平的提高，进一步简化棉花生产技术环节，做好农艺农机配套的文章，减少植棉用工，提高植棉效益，为棉花生产振兴贡献东营力量。

搭建科研服务平台

——临清试验站发展简介

王宗文

山东棉花研究中心试验站

一、地理气候

山东棉花研究中心试验站位于山东省临清市，为山东棉花研究中心前身，山东省棉花研究所所在地。临清市地处冀、鲁、豫三省接壤地带，黄淮棉区中心，属黄河下游冲积平原，地势平坦，土地肥沃，土质以沙壤为主。

临清市的气候属典型的温带大陆性季风气候，年平均降水量为600毫米左右，年平均日照时数 2 629.7 小时，年平均气温为12.8℃，年无霜期平均206天，非常适宜棉花生长，为黄淮流域棉花生态区的典型代表。立足山东，面向黄淮，已远远超出当初的设想，鲁棉已在西北内陆棉区开花结果。

二、单位概况

山东棉花研究中心试验站为山东省农业科学院所属三级事业单位，具有独立法人资格。试验站现有在职职工 38 人，其中副研究员以上 6 人，研究生学历人员 11 人，课题辅助研究技术工人 18 人。

现有高标准科研用地 500 余亩，承担着山东棉花研究中心的田间科研任务——育种、栽培、生理、植保、区试；从事棉花作物的良种繁育、试验新产品开发工作；负责新品种、新技术的展示、示范和技术培训工作；承担棉花中心各课题组及科研项目试验材料的海南繁育任务；行使由农业部投资建设的国家棉花改良中心山东分中心试验基地职能。

三、平台建设

一是创新平台。从建立棉花品种审定制度以来，在这片神奇的土地上已选育出了三大类型——杂交棉、常规棉（中早熟）、早熟棉（短季棉）60 多个棉花品种。其中，累计种植过亿亩、获国家发明一等奖的鲁棉 1 号就是在该试验地育成并推广到全国的，鲁棉 1 号结束了布票的历史，把美棉赶出中国市场，是里程碑式的品种。"鲁棉研"系列抗虫棉品种成为黄河流域棉区的主栽品种，其中鲁棉研 15、鲁棉研 19、鲁棉研 21、鲁棉研 28 号成为黄河流域对照品种的标杆。

二是公共服务平台。试验站基地展示最新选育出的棉花品种，免费对植棉大户、家庭农场、合作社以及公司等新型生产经营组织开放，使科研成果尽快转化为生产力；对全市大中小学生开放，使其成为科普教学基地。

三是新技术试验示范平台。良种良法、农机农艺融合，免整枝技术、单粒精播技术、机械打顶、化学打顶、化学脱叶等技术都是在试验站率先试验示范的。

四、经验做法

一是依托科学选基地。基地的选择尽可能在区域内具有代表性，查阅多年气象资料、避开雹灾区等。

二是依托项目建平台。在农业部国家棉花改良中心山东分中心建设项目一期、二期的支持下，在省乡村振兴项目、院创新项目的支持下，试验站的硬件设施得以完善和提高。

三是依托管理促发展。承包、集中投入、秸秆还田，南繁基地管理办法、试验地管理办法相继出台。

四是依托南繁促进程。缩短育种年限，加快育种进程。

五是依托创新出成果。在试验站 500 亩试验地选育出 60 多个品种，不仅服务山东、服务黄淮，而且响应国家号召，在苏丹国家示范园的示范带动下，鲁棉研 28 号、鲁棉研 37 号走出国门，在苏丹已审定，已成为苏丹的主栽品种，90％以上的种植面积被这两个品种占领，产量水平大幅度增加，为国家赢得了荣誉，促进了民间、政府间的交流。

五、发展思路

以质保量，订单生产、以点带面，上下游结合，形成利益共同体。做比不做强，早做比晚做强。

试验站创造了一个个辉煌的过去，相信在新的时代，在节本增效、提质增效、绿色植棉、可持续植棉的大背景下，在全省植棉保险试点政策的基础上，在全省棉花绿色高质高效创建项目的示范下，在国家棉田保护区政策的引领下，试验站必将再续辉煌，山东棉花必将登上一个新的台阶。

巨野县棉花产业发展报告

魏春芝　王凤月

巨野县农业农村局

巨野县地处鲁西南平原，辖15个镇、2个街道办事处和1个经济技术开发区，总面积1 302平方千米，人口108.6万人，耕地面积146.4万亩。巨野县曾是全国优质棉生产基地县和总理基金麦棉两熟高产开发示范县，曾荣获全国棉花生产先进县等荣誉称号。巨野县植棉历史悠久，曾在2006年创下植棉87.56万亩，总产皮棉6.88万吨，位居全国四大植棉县之一的辉煌纪录。

多年以来，棉花一直是我县重要的大宗经济作物，特别是2009年来，在农业部"万亩棉花高产创建""棉花轻简育苗移栽技术示范""抗虫棉优质高产栽培技术推广""棉花绿色高产高效创建""棉花绿色高质高效创建"等项目的示范带动下，全县棉花种植环境不断优化，种植水平逐步提高。据田间初步测产统计，2019年在高温干旱、台风"利奇马"影响及虫害频发等不利因素影响下，全县45万亩棉花仍然取得平均亩产籽棉275千克、平均亩产皮棉110千克的好收成。

一、棉花产业发展现状

（一）棉花生产具有"天时""地利"优势

巨野县为黄河冲积平原,地势平坦、土层深厚。蓄水保肥及抗旱能力较强,养分含量相对较高。气候特点是大陆型半湿润气候,四季分明、雨热同步。全年平均日照时数为 2 477.0 小时，平均气温为 13.6℃，平均降水量为 685.2 毫米，全年无霜期平均 207 天，平均大于或等于 0℃的积温为 5 031.6℃。利于棉花生长和实现优质高产高效。

现在，随着种植制度改革和棉花栽培技术的提高，我县棉花种植方式主要演变成麦棉"三、二式"和蒜棉套种一年两熟两种种植模式，现在主要以蒜棉套种模式为主。麦棉"三、二式"：棉花以直播方式于 4 月中下旬在小麦预留套种行内种植，然后再进行地膜覆盖，棉花出苗后再间苗、定苗。该模式棉花用种量大，一般选用常规种子，留苗密度多在 3 000～3 500 株/亩，亩产籽棉 250 千克左右。蒜棉套种模式：棉花基质或营养钵育苗后于 4 月底 5 月初移栽到大蒜田，该模式用种量少，棉花一般选用杂交品种，种植密度在 2 200 株/亩左右，亩产籽棉 300 千克左右。

（二）棉花产业发展具有"人和"优势

一是领导重视。巨野县委、县政府高度重视棉花生产，始终把推动棉花产业发展纳入重要议事日程，县委、县政府主要领导每年多次到棉花生产一线考察指导工作，并明确副县长黄涛具体抓。二是技术指导到位。农业局抽调技术骨干成立棉花生产技术指导组，因地制宜开展新技术、新成果的试验、示范和推广，并经常深入生产一线，面对面为棉农开展技术指导和服务，为我县棉花产业发展提供了有效技术支撑。三是群众基础好。巨野县广大棉农具有丰富的植棉经验，热爱种植棉花，乐于接受新技术。

（三）棉花产业发展遭遇困境

近几年，巨野县依托棉花优势产业，积极发展棉花生产，棉花种植面积居我市首位。但随着农业、农村经济社会发展变化，棉花生产受到很多因素制约，面临诸多矛盾和问题。一是棉花比较效益低。棉花产销矛盾突出，价格低迷，生产成本高，市场竞争力水平下降；二是争地矛盾突出。粮食和其他作物与棉花争地的矛盾日益加剧，棉花种植面积难有大的增加；三是机械化程度低。当前我县

90％以上的棉田为蒜棉套种，采用基质或营养钵育苗后再人工移栽定植到大蒜田中，存在费工费时、劳动强度大等问题；四是科技转化率低。目前，农村青壮劳动力以外出打工为主，在家种棉花的基本上是 50 岁以上年龄偏大的人员，他们接受新技术、新方法比较慢，技术推广难度大；五是棉花生产受自然灾害影响较大。棉花生长期间常常遭受强风、暴雨、干旱、热（冻）害和病虫害侵袭，生产面临着单产提高不快的困境。六是缺乏龙头企业带动，生产体系和经营体系链条松弛，融合度差。

（四）棉花产业亟待助推发展

一是需要加大政策支持力度。希望国家出台有关政策，保护棉农利益，提高他们的植棉积极性。

二是完善棉田基础设施建设，提高棉花抗御自然灾害能力。

三是规范农业保险。加强农业灾害保险普及力度，提高赔付标准，把农民因灾损失降到最低。

四是加大科技投入，提高科技成果在棉花生产中的转化率。

五是发展壮大龙头企业，搞好一、二、三产业融合发展。

二、2018 年棉花绿色高质高效创建项目实施情况

根据省农业厅、省财政厅《关于做好 2018 年中央财政农业生产发展资金等项目实施工作的通知》（鲁农财字〔2018〕63 号）和菏泽市农业局、菏泽市财政局《关于对 2018 年棉花绿色高质高效创建项目实施方案的批复》（菏农计财字〔2018〕50 号）要求，在省市县领导的关心和指导下，巨野县农业农村局认真组织实施"巨野县 2018 年棉花绿色高质高效创建项目"，现项目进展顺利。

（一）领导重视，组织管理结构健全

巨野县委、县政府高度重视"巨野县 2018 年棉花绿色高质高

效创建项目"工作，印发了《巨野县人民政府关于印发巨野县2018年棉花高质高效创建项目实施方案的通知》（巨政发〔2018〕26号文件），成立了由副县长黄涛任组长、农业农村局、财政局、项目镇主要领导任成员的领导小组。同时成立由菏泽市经济作物站站长许向阳任组长、中国农业科学院棉花研究所研究员董合林任副组长的技术指导专家组，成员有菏泽市农业科学院作物所所长张桂花、德州市农业科学院植保所所长赵文路及市县技术骨干。同时，项目镇陶庙镇政府及示范区7个村队也相应成立了项目实施对接办公室，并明确了专人负责。领导小组、技术指导专家组、项目区专职负责人各司其职，上下联动，共同协作。

（二）项目实施进展情况

1. 制定了翔实的实施方案

根据省市有关文件精神，巨野县组织有关专家在深入调研我县棉花种植基础、投入产出、社会化服务及棉农种植意向等情况的基础上，经充分讨论商榷和吸取省内外有关专家的意见和建议，研究制定了内容翔实、可操作性强的"巨野县2018年棉花绿色高质高效创建项目实施方案"，并以巨野县人民政府文件（巨政发〔2018〕26号）下发全县各镇人民政府、办事处、开发区管委会及县政府各部门。

2. 项目进展顺利

（1）"三区""四至"清晰、面积到位、关键技术措施到位。

一是攻关试验区。攻关试验区设在陶庙镇狄海村，面积115.6亩。针对当前我县棉花种植模式单一、用工多、劳动强度大、比较效益低等问题开展棉花多元化种植模式、蒜（粮）棉"两熟"产业"双安"技术、病虫害物理防控、肥效、适宜密度筛选等13项试验研究。现应季作物长势健壮。

二是示范区。示范区位于巨野县东南方向约20千米的陶庙镇，涉及狄海、孙庄、营里、曲庄、谢庄、祝海、秦楼7个行政村、1 302户、4 147人，植棉面积6 083.4亩。

示范区全面落实了统一供苗（种）、统一育苗移栽、统一病虫防控、统一水肥管理、统一技术指导"五统一"社会化服务，提高了生产组织化、标准化程度。示范区棉花轻简化育苗移栽、化肥减肥增效、棉花病虫害绿色防控、优质棉良种（K836、瑞杂818两个"双30"品种）覆盖率等关键技术措施应用到位率达100%。

棉花品种展示区102亩，安排在交通便利的陶庙镇狄海村，筛选引进了11个省审或国审的优质品种：鲁H424、中棉所99、鲁棉研38、鲁棉研39、希普3号、石抗126、国欣GK99-1、国欣棉9号、冀棉985、鲁棉532、鲁2387。每个品种种植面积在4亩以上。按照优质高产、抗病抗虫、适应性强的原则筛选适合我县大田生产使用的优良品种。通过组织现场观摩等方式，引导棉农正确选种、科学用种。

三是辐射带动区。 在示范区周围建设了5万亩的辐射区，涉及巨野县陶庙镇、大谢集镇、独山镇、万丰镇的重点植棉村队。

通过示范区的辐射带动，逐步引导农民转变常规植棉方式，扩大棉花轻简化栽培技术的普及应用，倡导化肥农药减量施用，提高肥药利用效率，增加种植效益。同时，通过加强技术指导、技术培训、发放物化补助等方式，使棉花绿色高质高效种植理念逐渐深入辐射带动区的民心，从而带动全县棉花转型升级和可持续发展。

（2）项目区物化补助和社会化服务已完成。本项目的物化补助和社会化服务需求严格按照《中华人民共和国招标投标法》及相关规定进行了公开采购，现已全部供货到户到田块。

（3）圆满完成四期集中技术培训。根据项目实施时间节点，现如期完成四期集中技术培训班。第一期于2019年1月19日在巨野县陶庙镇举办，本期培训110人次，对象为基层农技人员、示范区植棉大户、科技带头人、棉花种植专业合作社社员等；邀请的授课老师是菏泽市经济作物站站长许向阳和巨野县农业农村局高级农艺师毕研存；讲授主要内容一是棉花产业形势分析及发展对策，二是棉花病虫害绿色防控技术；培训时间为一天。第二期于2019年3

月 22 日在巨野县陶庙镇举办。本期培训对象为基层农技人员、育苗基地工作工人、试验区农户、项目区村技术人员等 139 人次，邀请菏泽市农业科学院作物所所长、棉花专家张桂花传授"棉花春耕备播及主要病虫害的识别与绿色防控"，邀请巨野县农业农村局农业技术推广研究员魏春芝讲授"棉花轻简育苗移栽及配套高产栽培技术"，培训时间为一天。第三期于 2019 年 4 月 17 日在巨野县陶庙镇举办。培训对象为项目相关负责人、技术人员、财务管理人员、项目区植棉大户、科技带头人、合作社相关人员、社会化服务合作组织相关人员等 96 人。培训内容为孙学振教授讲解 2018 年巨野县棉花绿色高质高效创建项目实施方案和试验方案；门兴元研究员讲授棉花病虫害绿色防控技术模式，培训时间为一天。第四期于 2019 年 9 月 16 日在巨野县陶庙镇举办。培训对象为全县镇区办农技站长、项目区植棉大户、科技带头人、合作社相关人员、社会化服务合作组织相关人员等 119 人。培训内容为山东省棉花生产技术指导站王桂峰站长作《山东省棉花产业发展调研报告》；巨野县土肥站站长韩继良讲授"耕地体力提升与棉花减量施肥技术"。

（4）成功举办现场观摩。2019 年 8 月 10 日在项目攻关田、品种展示田成功举办了一场 150 余人参加的现场观摩会。观摩会上项目技术负责人魏春芝、王凤月对项目实施概况、攻关田试验设置、展示田品种表现进行了讲解。省棉花生产技术指导站王桂峰站长、市农业农村局袁士忠副局长等领导、专家对本次现场观摩给予了高度评价。

（5）规范项目管理。一是建立完善项目工作档案。明确专人负责，及时将有关文件、方案、记录、测产结果和工作总结等归档立案，做到有章可循、有据可查。二是建立资金使用台账制度，严格资金使用范围，严禁超范围支出。项目实施过程中，加强资金监管，消除风险隐患，确保资金安全。

（6）搞好宣传报道。截至目前已宣传报道 4 次，其中菏泽市农业农村局官网报道 2 次，巨野电视台宣传报道 2 次。

（三）下一步打算

在省、市领导的统一安排部署下，根据实施方案要求，搞好攻关试验区、品种展示区田间考察、记载，搞好项目区产量初测等事宜，迎接省、市专家测产验收。

三、结语

巨野是产棉大县，虽现在不是产棉强县，但我们正努力改变，不远的将来"巨野棉花"将以新的发展态势呈现给大家！

努力做好 2018 年棉花绿色高质高效创建项目，促进无棣县棉花产业再上新台阶

丁国栋　苏爱国

无棣县农业农村局棉花生产管理服务中心

近年来，无棣县的棉花生产管理工作在县委、县政府的正确领导和省、市棉花生产技术指导站的悉心指导下，通过棉花绿色高质高效项目的实施，我县棉花在种植面积、产量、棉花品质等方面得到了极大提升，有力地推动了我县棉花产业的发展。

一、无棣县棉花生产基础条件

无棣县地处山东省最北部，拥有耕地 80 余万亩。全县地势平坦，土层深厚，质地良好，以滨海潮土为主；属大陆性气候，四季分明，棉花生长期间，光照充足，雨热同季，适宜棉花生长，常年植棉面积在 10 余万亩。无棣县被国家列入全国优质棉生产基地县和全国产棉大县。棉花已成为无棣县的优势作物，是农民收入的重要经济来源。同时，无棣县棉花产业配套完善，有棉花生产合作社 30 余家，棉花收购企业、棉花加工企业和纺织企业 20 余家。初步形成了"棉花种植—籽棉购销—皮棉加工—纺纱合线—织布制衣—家纺产品以及棉花秸秆生物质能综合利用"的完整产业链条。年可实现籽棉购销 15 万吨，皮棉加工 4.5 万吨，棉纱生产 3.5 万吨，棉籽加工 2 万吨，织布 1 000 万米，制衣 20 万件，棉花秸秆废弃物

加工生物质燃料6万吨，年可实现总体销售收入20亿元。现全县棉花产业从业人员达1万人以上。

二、棉花绿色高质高效创建项目实施情况

认真实施好棉花绿色高质高效创建，聚焦攻关区、示范区、辐射区"三区"建设，集成推广绿色高质高效标准化生产技术模式，推行全过程社会化服务，打造全链条产业融合模式，推广应用水肥一体化、先进植保机械等现代化节水、节肥、节药新机具、新设备，实现棉花生产良种化、标准化、绿色化、机械化和服务全程社会化"五化"目标，有效减少淡水、化肥、农药使用量，示范带动全县棉花生产转方式、提质量、增效益，实现绿色可持续发展。

（一）攻关试验区在柳堡镇的山东绿风农业集团公司基地，面积100亩

试验筛选适宜我县种植的优质、高产、多抗专用棉花品种鲁6269、鲁棉258和短季棉鲁棉532三个品种。试验总结适宜我县应用的减肥、减药、节水棉花绿色生产技术2项。试验探索棉花新型耕作技术：①粮棉"两熟"产业"双安"技术（麦—棉连作）；②大豆—棉花间作技术；③黑麦草—短季棉连作技术（盐碱地培肥地力，找前茬黑麦草地块）；④中药材（蛇床子）—棉花间作技术。

（二）示范区面积共计5 000亩，构建"全过程"社会化服务体系

在柳堡镇山东绿风农业公司基地和西小王镇黄庄子村无棣景国农机专业合作社、小屯河北村无棣钟金燕家纺生产基地和大官村、小官村、逍遥村、河北村、河南村，以种植大户、家庭农场、农民合作社、农业产业化龙头企业等为主体，全面开展"五统一"社会

化服务。采取深耕秸秆还田、卫星导航播种、膜上打孔、种肥同播、铺设滴灌带、合理密植和适时化控等先进技术措施，取得了良好示范效果。由于今年极端干旱，膜下滴灌技术起到了关键作用。

（三）辐射区面积 5 万亩，按照"全县域"绿色发展方式引领带动

辐射区围绕"控肥增效、控药减害、控水降耗、控膜减污"，以棉花轻简化栽培技术、棉花超高产栽培技术、科学化控技术等 3 项关键技术为核心，大力推广示范区内成熟的绿色节本高效技术，通过对辐射区技术人员和农民的培训，使先进技术得到广泛推广，绿色高质高效种植理念深入人心，带动全县棉花转型升级和可持续发展。

三、规范棉花绿色高质高效项目管理和实施

（一）规范项目管理

县农业农村局严格按照省、市批复的"无棣县 2018 年棉花绿色高质高效创建项目"实施方案和批复的内容，重点突出高效绿色示范和辐射带动作用，设立资金台账，资金由县财政局统一管理，专款专用，单独核算，严格招投标手续，工作档案健全。严格资金使用范围，严禁截留挪用和超范围支出。项目实施中严格按照资金使用方案规范操作，杜绝违规操作，消除风险隐患，确保资金和队伍"双安全"。

（二）规范项目实施

绿色高质高效创建项目首先建立规范统一的标志牌，其次是加强技术指导，在棉花生长期组织县局和项目所在乡镇技术人员进行巡回指导，并按照技术指导方案的要求编制工作月历，严格按进度实施。在抓好创建任务落实的同时，加大绿色高质高效创建活动宣传力度，大力宣传绿色高质高效创建在促进我县棉花生产发展中的

重要作用和意义，通过典型的宣传示范、现场观摩和邀请省市专家室内培训，引导有关部门、农技人员、农民、企业、媒体等社会各方面共同关注。

四、项目实施取得的成效及存在的问题

（一）提高棉花产量，改善棉花品质

通过棉花绿色高质高效项目的示范与推广，使棉农看到了该项技术的优点，提高了棉农的科学种田意识和水平，使得高品质棉花品种得到普遍应用。高品质棉花栽培技术的试验示范，使项目区和辐射区的棉花产量和品质得到明显改善。

（二）实现节本增效，提高植棉效益

通过示范推广绿色高质高效种植模式，降低了生产成本，提高了经济效益，重新燃起了棉农的植棉热情。深耕秸秆还田、卫星导航播种、膜上打孔、种肥同播、铺设滴灌带、合理密植和适时化控等先进技术措施取得了良好示范效果。

（三）达到双减效果，实现绿色生产

示范推广缓控释肥、有机肥，减少化肥使用量；开展病虫害统防统治，减少农药使用量；通过减施化肥和农药，推广增效绿色防控综合技术，有效减少了面源污染，消除了农产品质量安全隐患，实现了棉花绿色生产，促进了棉花产业可持续发展。

但是，这项技术仍处于初级推广阶段，特别是在棉花总体效益低、种植面积连续下滑的大背景下，需要政策的继续支持，这样棉花绿色高质高效技术将会稳步推进。

五、下一步努力方向

下一步，在棉花绿色高质高效栽培技术的普及应用方面，我们将采取得力措施，加快工作进度，如期圆满完成各项工作任务，确保把各项试验示范数据记录好、总结好，最终转化为生产力，让棉农得到真正的实惠，促进我县棉花生产再上新台阶。

（一）加强组织领导

成立县长任组长，分管副县长任副组长，财政局局长、农业农村局局长、项目区各镇镇长为成员的领导小组，负责棉花绿色高质高效项目创建工作的组织、领导和协调工作；针对项目创建工作进行深入研究，科学谋划、有序推进、形成合力，及时解决工作中遇到的难题。

（二）强化监督检查

严格财经纪律，加强资金和项目监管，确保项目资金安全、规范、高效使用。加大对项目区的工作调度，定期不定期进行督导检查。

（三）做好宣传总结

在项目实施过程中，充分挖掘、及时宣传工作实施中的典型模式和成功经验，编制工作简报，通过广播、电视、报纸等新闻媒体，大力宣传棉花绿色高质高效项目工作的意义和作用，争取社会各界广泛关注和支持，努力营造良好的舆论氛围和工作环境。认真总结工作中的好经验、好做法，发挥好项目的示范引领作用。

高唐县棉花绿色高质高效创建项目实施情况

杨荣奎　陈　军　张　伟　赵臣楼
何鲁军　韩秀丽　张　巧
高唐县多种经营服务中心

高唐县位于山东省西北部，辖 1 个省级经济开发区、9 个镇、3 个街道、603 个行政村、42 个城市社区，总面积 960 千米²，总耕地面积 94.11 万亩，总人口 50 万人，其中农业人口 39.47 万人。高唐有文字记载的历史 2 800 多年，春秋时为齐邑，西汉初年置县，宋、元、明、清设州，民国复县至今。高唐县是传统植棉大县，历史悠久，志记"桑蚕之富为山东名郡""货以木棉甲于齐鲁"，素有"金高唐"之美誉。我县承担的"2018 年棉花绿色高质高效创建项目"位于县城北部的梁村镇，涉及 16 个行政村，841 户，植棉面积 5 200余亩，按照实施方案的要求，我县精心组织，稳步实施，扎实推进，取得了良好的效果。

一、项目区基本情况

梁村镇交通便利，地势平坦、土壤肥沃，生产基础条件好，植棉历史悠久，是传统棉花种植保护区，海拔 24～29 米，土壤多为轻壤土，以潮土为主，蓄水保肥及抗旱能力较强，养分含量相对较高，土壤孔隙度大、透气性好，耕层土壤有机质含量为 12 克/千克左右，碱解氮 0.83～1.22 克/千克，有效磷 7.9～13.1 毫克/千克，速效钾 160～285 毫克/千克，属暖温带半干旱季风区域大陆性气候，光照充足，四季分明，年平均降水 574.8 毫米，气温 13.1℃，日照 2 663.3 小时，无霜期 200 天左右。

（一）项目攻关试验区 120 亩

针对当前我县棉花种植模式单一、用工多、劳动强度大、比较效益低等问题，重点开展棉花大蒜套种、棉花西瓜套种、棉花花生间作、棉花蛇床子间作、不同施肥水平效果试验、棉花品种示范与筛选、棉田冬绿肥试验、麦后直播短季棉等试验，目的是探讨本区域可复制推广的绿色高质高效棉作栽培模式。

（二）项目示范区 5 000 余亩

涉及梁村镇 16 个村，841 户，示范区内生产基础条件好、群众植棉历史长、经验丰富，具有承担棉花绿色高质高效创建的基础与条件，通过实施轻简化、机械化、集约化、组织化、社会化服务等流程，集成推广"全环节"绿色高效技术。

（三）辐射带动区 50 000 亩

覆盖全县所有镇街规划的棉花保护区，利用示范区试验示范成果推广，辐射带动全县植棉区，引导棉农转变常规植棉方式，改变传统习惯，推广棉花轻简化栽培，通过推广精量播种、简化整枝、适时化控、病虫害统防统治等技术，减少农药、化肥、种子用量，降低种植成本，增加植棉效益。通过组织技术推广培训，使绿色植棉理念深入人心，扩大主导品种种植面积和主推技术的应用范围，提高辐射区内科技植棉水平，增加棉农收入，棉花产量较非创建区高 5%以上。

二、项目实施情况

（一）制定实施方案

按照农业农村部、财政部《关于做好 2018 年农业生产发展等项目实施工作的通知》（农财发〔2018〕13号）和山东省农业厅、财政厅《关于做好2018年中央财政农业生产发展资金等项目实施工作的通知》（鲁农财字〔2018〕63号）要求，为规范项目管理，促进棉花绿色高质高效创建项目顺利实施，推动棉花产业提质增效，结合我县棉花生产实际，通过多次参加省站培训及咨询高校、科研院所及企业的意见，经过多次修改完善，形成了《高唐县2018年棉花绿色高质高效创建项目实施方案》。

（二）进行棉花技术培训

项目分别于2019年4月4日和7月18日举办了"棉花绿色高质高效创建项目"技术培训班，聘请省棉花生产技术指导站王桂峰站长、山东农业大学孙学振教授、中国农业科学院棉花研究所张恒恒助理研究员、省果茶技术推广站高级会计师房勇、省棉花研究中心研究员辛承松等进行专题培训，共计培训230余人次。为了更好地实施项目，我县举办"全省棉花绿色高质高效创建项目观摩交流会"，邀请省、市、县领导及无棣、巨野、夏津、金乡、东平5个创建县项目和技术负责人、植棉带头人共计130余人对我县项目区进行了观摩，取得良好效果。

（三）实行"五统一"社会化服务

示范区实行统一种植品种、统一病虫防控、统一地膜覆盖、统一技术培训、统一机械作业"五统一"社会化服务。为提高棉花品质，示范区全部使用"双30"优质棉花良种；为减少白色污染，使用的地膜为双降解地膜；为统一规格和标准，示范区全部实施统一播种，通过轻简化等栽培技术的应用，带动全县棉花转型升级和可持续发展。

（四）强化档案管理

一是为便于观摩和交流，按照实施方案的要求，在项目区设立了棉花绿色高质高效示范区、攻关区、棉花花生间作区、麦后直播短季棉区、棉花蛇床子间作区、棉花大蒜套种区、棉花西瓜套种区、不同施肥水平效果试验区、棉花品种示范与筛选区、"四情"监测站共 10 块标示牌。二是根据试验要求，制定了整套的调查记录表，记录所需调查项目。棉花生育期内，调查每个试验处理的 10 株定株棉花 3 次（7 月 15 日、8 月 15 日、9 月 10 日）。记录的内容主要包括：果枝始节、高度，株高，果枝数，脱落数，每个果枝上对应的蕾、花、铃、烂铃、吐絮数目。调查按株式图的模式进行，每期调查 410 株。三是为了得到基础地力数据，对不同地块及时进行了取样，并对所需数据委托有资质的检验机构进行了化验。四是对项目实施情况留下影像资料。

（五）加强宣传报道

一是在 7 月 18 日，组织本县农技人员、植棉带头人共 100 余人对项目区进行了观摩；二是县电视台做了 8 分钟的宣传报道；三是在山东省农业农村厅网站、聊城市农业农村局网站、高唐县人民政府网站进行了宣传报道。

三、保障措施

（一）加强组织领导

成立由县长任组长的项目工作领导小组，领导小组下设办公室，全面负责项目的统一部署、组织协调、检查督导，做好统筹协调，落实责任分工等工作。

（二）强化指导服务

成立由省、市、县有关专家组成的技术指导小组，具体负责方案制定、组织实施、技术指导、技术培训、编印技术规程与技术意见，加强对绿色高质高效创建工作的指导服务，在关键农时季节，开展现场观摩、专家巡回指导等活动，提高技术到位率，及时帮助解决创建中遇到的困难和问题，搞好项目资料整理和项目总结等工作。

（三）强化资金管理

严格按照山东省农业厅、山东省财政厅印发的《2018年棉花绿色高质高效创建项目实施方案》（鲁农财字〔2018〕63号）的文件要求，建立资金使用台账制度，切实加强项目资金管理和使用，严禁截留、挪用和超范围支出，确保专款专用，确保项目资金使用安全。按照项目进展情况，对支付的资金分阶段进行审计，按照上级要求，落实报账制度，及时将支付的项目资金上报省厅，加强对使用资金的督导与监督，发现问题及时纠正。

（四）搞好项目规范化管理

在项目实施过程中，根据相关规定，对项目建设内容进行招投标，规范组织实施程序，加大各环节工作推进落实和监督指导力度，确保项目按进度安排组织实施。建立健全项目档案资料，为项目督查、考核、验收提供依据。及时编印发放技术资料，有效指导项目顺利实施。按项目实施标准要求，在攻关区、示范区醒目位置树立统一的标示牌。加强项目跟踪调度，并严格按照进度实施，及时报送项目进展情况，及时将创建方案、考核、总结等文档和照片资料归档，装订成册上报，项目实施结束后，提交自评报告。

（五）强化机制创新

创新社会化服务方式，探索政府购买公益性服务的新模式，为了更好地实施该项目，通过公开招标，聘请一家服务公司，按照《项目实施方案》要求，提供零散物资、品种、调查、取样、化验、测产等方面的服务，同时聘请了一家第三方公司，对中标方提供服务情况进行全程跟踪审计。

（六）强化宣传引导

为搞好项目宣传，充分发挥项目的示范带动作用，在项目区设立醒目的标牌，明确创建目标、技术模式、行政及技术负责人等信息，以便于宣传示范，让群众看得到、学得会、用得上，并在生产关键时期和重大活动时，举办培训班、现场会、技术讲座等，宣传棉花绿色高质高效创建实用技术和实施效果，推动棉花绿色高质高效创建项目顺利实施，并确保项目高标准、高质量达到实效。

四、主要成效

（一）棉花生产实用技术进一步普及

棉花绿色高质高效创建项目对棉花简化栽培技术、合理密植技术、间作套种技术、统防统治技术都进行了应用，通过举办技术培训班、现场观摩等形式，提高了棉农的植棉水平，加快了棉花高产高效栽培技术的应用速度。

（二）形成棉花绿色高质高效生产模式

在棉花绿色高质高效创建项目的实施过程中，应用了"双30"棉花良种、双降解地膜、统防统治、合理密植、统一播种、轻简化栽培等技术，对棉花大蒜套种、棉花西瓜套种、棉花花生间作、棉花蛇床子间作、不同施肥水平效果试验、棉花品种示范与筛选、麦后直播短季棉等进行了试验。通过对试验和技术的总结，将形成适合我县的棉花绿色高质高效生产模式。

（三）棉农思想观念得到提升

项目实施的主要成效就是棉农的思想观念发生着潜移默化的变化。通过套作模式的展示、棉花轻简化管理技术的推广、优良品种的推广、统一播种规格及统防统治技术的应用，棉农的思想发生着变化。一是对政府的信任度提高了；二是认为密度降下来也能够取得高产；三是改变了原来的精细整枝的习惯，减少了用工；四是认为要取得高效益，必须走间作套种的路子。

五、存在的问题

（一）农田基础设施条件差

由于棉花用工多，机械化程度低，劳动强度大，效益低，棉农基本上把棉花都种植在土壤肥力较低、盐碱程度较高、水利条件较差的地块上，灌溉排水工程不完善，制约棉花生产的发展。

（二）农村劳动力紧缺

随着工业化进程的发展，农村中的青壮年劳动力大部分出去打工，农村剩余的只有老人。由于植棉用工多，劳动强度大，机械化程度低，所以只能种一些劳动强度低和机械化程度高的粮食作物。

（三）技术力量薄弱、知识面较窄

我中心技术人员较少，平均年龄偏大，对新技术、新模式的应用适应较慢。

六、下一步工作

根据项目实施方案要求，一是完成两次棉花技术培训工作和一次观摩；二是完成棉花土壤取样工作；三是完成棉花测产工作。

总之，通过此次项目的实施，我们将继续总结经验，将项目的试验带动效果发挥到最大，提升项目的辐射带动作用，促进棉花产业高质、绿色、可持续发展。

东平县棉花绿色高质高效创建项目
成效浅析

李 亮 王承水 陈宗金 蔚大青 黄金苓 鲍晓彤
东平县农业技术推广站

按照省农业农村厅《关于印发〈2019 年度棉花绿色高质高效创建工作指导意见〉的通知》（鲁农棉字〔2019〕4 号）的要求，为规范项目管理，促进棉花绿色高质高效创建项目顺利实施，推动棉花产业提质增效，东平县结合自身棉花生产实际，制定了《2019 年东平县棉花绿色高质高效创建项目实施方案》，积极推进项目建设。

一、基本情况

东平县地处鲁西南，共有 14 个乡镇、街道，1 个经济开发区，706 个行政村，总人口 80 万人，其中农业人口 70 万人。现有耕地 104.2 万亩。常年农作物播种面积 190 万亩，其中粮食作物种植面积 158 万亩，棉花种植面积 3.5 万亩左右。东平县属大陆性气候，四季分明，棉花生长期间，光照充足，雨热同季，适宜棉花生长。项目区位于西北部山区，土壤有机质含量为 13.78 克/千克，碱解氮 62.56 毫克/千克，有效磷 19.06 毫克/千克，速效钾 135.67 毫克/千克。

二、项目建设情况

按照"试验一批、示范一批，推广一批"的总体要求，全面贯彻新发展理念，集成推广绿色高质高效标准化生产技术模式。一是绿色生产。以秸秆还田、增施有机肥、种植绿肥作物为主线，实现化肥的减量和土壤条件的改善；以病虫害统防统治为主线，实现农药的减量和防治效果的提升。二是高质高效。以棉花—花生等间作种植模式和蒜后直播棉、小麦—短季棉、大蒜—短季棉周年栽培研究为主线，实现棉花耕作制度的升级和生产效益的提升；以推广种植"双30"优良品种为主线，实现棉花品质结构的优化；以棉花生产全程机械化技术的示范、推广为主线，进一步减少人工投入，提高生产效率。通过项目实施，带动全县棉花生产转方式、提质量、增效益，实现棉花绿色可持续发展。

（一）攻关区

攻关区面积 100 亩，梯门镇和旧县乡各 50 亩。

建设内容：

一是开展麦后直播短季棉和蒜后直播短季棉试验，筛选出适合我县种植的优良短季棉品种及最佳种植密度。

二是开展棉花耕作模式创新试验，使棉花耕作制度优化升级。

三是开展肥效对比试验，实现化肥的减量高效施用。按照棉花生产需求，选择了 3 个肥料配方，在减量的基础上，探索出棉花对肥料的"最佳"配比。

四是开展棉田—绿肥周年栽培试验示范，以改善土壤条件提高地力水平。在棉花收获前后，根据田间墒情，抢墒撒播绿肥种子，翌年播种棉花前，结合整地将二月兰、毛叶苕子、油菜等绿肥打碎还田，以提高地力。

（二）示范区

示范区建在旧县乡，示范面积5 000亩。

建设内容：

一是建设符合绿色高效高质内涵的棉花品种展示示范中心。开展新优品种引进筛选、区域试验、展示示范和配套技术推广，通过组织现场观摩等方式，引导农民正确选种、科学用种。

二是集成推广"全环节"绿色高效技术。围绕整地、播种、管理、收获等各环节，全面推广成熟的绿色节本高效技术，主要有棉秸绿肥还田＋选用良种＋增施有机肥＋深耕整地＋精量播种＋合理密植＋科学施肥＋集中成铃＋科学整枝＋病虫草害绿色防控＋撒播绿肥。

三是构建"全过程"社会化服务体系。以种植大户、家庭农场、农民合作社、农业龙头企业等为主体，全面开展统一种植品种、统一肥水管理、统一病虫害防控、统一技术指导、统一机械作业"五统一"社会化服务。

（三）辐射区

辐射区涉及全县植棉区，面积 3.5 万亩。

建设内容：

按照"全县域"绿色发展方式引领要求，辐射区围绕"控肥增效、控药减害、控水降耗、控膜减污"，以绿肥还田、科学整枝、绿色防控病虫害等 3 项关键技术为核心，大力推广成熟的绿色节本高效技术，通过对辐射区技术人员和农民的培训，使先进技术得到广泛推广，绿色高质高效种植理念深入人心，带动全县棉花转型升级和可持续发展。

春棉区位于山区，由于干旱，并且无水浇条件，减产 50％以上。

三、田间试验开展情况

（一）试验设计

麦后直播短季棉和蒜后直播短季棉试验。试验设置 4 个种植密度，分别为 4 500 株/亩、5 500 株/亩、6 500 株/亩、7 500 株/亩，行距 76 厘米，小区行长 10 米，至少种植 10 行，走道 1 米，3 个重复，共 24 个小区。

棉花耕作模式创新试验。试验设置 3 个处理，分别为单作花生、单作棉花、棉花—花生间作。棉花—花生间作模式试验设置 3 个处理，分别是 4 行棉花—4 行花生、4 行棉花—6 行花生、2 行棉花—4 行花生。

（二）生育期及调查情况

1. 麦后短季棉试验

于 6 月 10 日播种，6 月 17 日出苗，8 月 5 日为开花期，8 月 13 日进入盛花期，8 月 20 日进入盛铃期。8 月 15 日调查，鲁棉 532 平均株高为 77.0 厘米，果枝 9 个，3.95 个铃。德棉 15 平均株高为 68.8 厘米，9.2 个果枝，5.3 个铃。鲁棉 532 营养器官（3 株）干物质重平均为 125.5 克，生殖器官（3 株）干重平均为 49.8 克。德棉 15 营养器官（3 株）干重平均为 120.3 克，生殖器官（3 株）干物质重平均为 46.8 克。由于 6 月 5 日试验地块降雨 54.1 毫米，麦地无法收割，德棉 15 试验推迟于 6 月 10 日播种。

2. 蒜后短季棉试验

于 5 月 29 日播种，6 月 5 日出苗，7 月 2 日现蕾，7 月 15 日开花，7 月 22 日进入盛花期，8 月 5 日进入盛铃期，8 月 26 日进入吐絮期。8 月 15 日调查，德棉 15 平均株高为 81 厘米，11.4 个果枝，10.5 个铃。鲁棉 532 平均株高为 80.75 厘米，11.25 个果枝，10.75 个铃。取样已完成 5 次。鲁棉 532 营养器官（3 株）平均干重为 111.1 克，生殖器官（3 株）平均干重为 159.4 克。德棉 15 营养器官（3 株）平均干重为 196.8 克，生殖器官（3 株）平均干重为 200.4 克。

3. 棉花耕作模式创新试验

4 月 28 日播种，5 月 3 日出苗，6 月 18 日现蕾，8 月 20 日吐絮。春棉由于播种后下雨少，土壤干旱，无水浇条件，出苗差，人工移栽，保证种植密度和数据准确性。8 月 15 日调查，平均株高为 58.3 厘米，果枝 7 个，铃 7.67 个。花生 26 厘米左右。

（三）产量及效益分析

2019 年 9 月 17 日，泰安市农业农村局组织有关专家，对东平县承担的"棉花绿色高产高效创建项目"进行了测产验收。测产结果如下。

1. 示范区

平均亩成铃数 67 891 个，折合亩产籽棉 357.79 千克、皮棉 139.89 千克；辐射区平均亩成铃数 51 156 个，折合平均亩产籽棉 265.24 千克、皮棉 106.86 千克。专家组认为，该项目集成了绿色高质高效标准化生产技术，准确把握了项目实施内涵，区域重点共性关键技术试验针对性强，达到了预期效果。

2. 蒜后直播短季棉试验

鲁棉 532、德棉 15 在密度均为 6 500 株/亩的情况下，平均亩铃数分别为 62 645.75 个、68 289.51 个，平均单铃重分别为 4.86 克、4.29 克（50 铃平均×0.85），平均亩产籽棉 304.16 千克、292.55 千克，高于其他三个密度。

蒜后棉产量按照 250 千克计算，价格为 7 元/千克，收入 1 750 元，投入 1 060 元，纯效益 690 元。蒜后大豆产量按照 140 千克计算，豆子价格为 6 元/千克左右，投入 210 元，纯效益 630 元/亩。比较效益蒜后棉略高于大蒜—大豆模式。

3. 麦后直播短季棉试验

鲁棉 532 和德棉 15 在密度分别为 6 500 株/亩、5 500 株/亩的情况下，平均亩铃数分别为 59 993.94 个、53 366.96 个，平均单铃重分别为 4.73 克、4.45 克，平均亩产籽棉 283.88 千克、237.61 千克，高于其他三个密度。

麦后棉产量按照 200 千克计算，价格为 7 元/千克，收入 1 450 元，投入 1 090 元，纯效益 360 元。麦后玉米产量按照 600 千克计算，价格为 1.6 元/千克左右，收入 960 元，投入 600 元，纯效益 360 元/亩。比较效益不显著。

四、项目成效

通过棉花统一供种，全县棉花良种覆盖率达到 100%，群众对

"高产稳产，良种先行"的认识度进一步提升；秸秆还田、增施有机肥、深耕整地、精量播种、合理密植、科学施肥、科学整枝、病虫草害绿色防控等关键技术得到广泛推广。通过蒜后（麦后）直播短季棉试验研究、示范，筛选出了适合东平县种植的蒜后（麦后）直播短季棉品种，总结出了适宜种植密度及适宜播期，探索出了麦后（蒜后）接茬生产技术模式，并被广大棉农认可，示范带动作用得到体现。通过项目带动，全县广大棉农的科技素质得到进一步提升；高效低毒农药、有机肥、配方肥受到认可，植棉的整体效益增加。

五、存在的问题

一是由于温度、光照、品种等方面的限制，小麦收获期在6月上旬，麦后直播短季棉生长受限，霜前花相对不足，同时造成小麦播种期推迟，整体成效不显著；二是农户对新技术、新品种、新机具的认识度不足；三是项目资金不足，建设规模受限；四是政策扶持力度不足；五是棉花价格不高、不稳，农民植棉积极性受到影响。

六、意见建议

一是借助项目带动，进一步引进、示范一批蒜后短季棉品种及配套技术、配套机具，同时积极探索适合东平县生产的麦后短季棉品种，并突出做好配套技术研究、试验及推广；二是通过下乡开办技术讲座，到田间地头面对面地传授种棉知识、编印技术资料免费发放等方式加强对棉农的培训，不断提升棉农的科技素质及植棉水平；三是积极探索、研究、制定棉花—绿肥周年栽培模式及操作规程，争取把整体效益提升到最大值，努力实现全县棉花生产的绿色、高质、高效。

夏津县棉花绿色高质高效创建
项目情况汇报

周 勇

夏津县农业农村局

夏津县植棉历史悠久，素有"银夏津"之称，先后获得"全国优质棉生产基地县""中国棉纺织名城""纺织产业集群创新发展示范区"等殊荣。全县总耕地面积90万亩，2019年植棉面积为17.5万亩，全县纺纱规模为220万纱锭，年产纱线40多万吨，棉籽加工能力为150万吨。年产各类布匹9 000万米，服装3 000万套，家纺等缝制品500万件。已形成生产种植、纺织、服装、棉副产品利用加工等为一体的产业化格局。

一、夏津县棉花绿色高质高效创建项目基本情况

综合植棉面积、集中程度和自然生产条件等因素，认真落实"三区"建设：①在植棉大镇新盛店镇大李庄村、新盛店村设立试验区300亩；②在新盛店镇植棉集中的大李庄村、岳集村设立示范区5 661亩；③在新盛店镇、开发区47个村庄（社区）建立辐射区5万亩。

（一）攻关区建设情况

1. 根据项目实施方案要求，建立了棉花新品种展示田和试验田，面积 125 亩

其中，展示田面积 100 亩，展示品种 5 个，每个品种种植面积 15 亩以上；试验田面积 25 亩，参试品种 12 个，分别是鲁棉 1131、鲁棉 1141、鲁棉 1143、鲁棉 338、鲁棉 378、K836、鲁棉 522、鲁棉 691、鲁棉 696、鲁 6269、德棉 16、银兴棉 28，每个品种设置两个重复，分传统大小行（大行 90 厘米，小行 60 厘米）和 76 厘米等行距种植，播种时间 4 月 22 日至 23 日，密度 4 500 株/亩左右。旨在筛选适宜区域种植的优质、高产、多抗等棉花新品种及其配套种植管理技术。

新型棉花耕作技术试验田：四种新型棉花耕作面积共计 130 亩。一是棉花—花生间作，面积 50 亩，分别在大李庄和新盛店村建设，采取三种模式——"二四式""四四式""四六式"，棉花品种为鲁 6269，花生品种为花玉 25 号和花小宝 35 号。二是棉花—马铃薯间作，面积 10 亩，采取的种植模式为"二二式"。三是棉花间作绿豆，面积为 50 亩，76 厘米等行距种植棉花，中间种植绿豆。四是麦后直播短季棉，面积 20 亩。其中展示田 10 亩，参试品种 4 个，分别是鲁棉 532、德棉 15、中 425、中 619，播种时间为 6 月 10 日，76 厘米等行距种植，密度 6 500 株/亩左右；短季棉密度试验田 10 亩，品种为鲁棉 532 和德棉 15，播种时间为 6 月 10 至 11 日，设 4 500 株/亩、5 500 株/亩、6 500 株/亩、7 500 株/亩 4 个种植密度，三个重复。

肥料试验：面积共计 25 亩，以常规施肥为对照，进行控释肥、商品有机肥、生物有机肥和氮磷钾复合肥等试验。

棉花绿色防控试验：面积共计 20 亩，设置黄板诱杀棉蚜及烟粉虱；性信息素诱杀棉花盲蝽象；食诱剂诱杀棉铃虫、甜菜夜蛾等夜蛾科害虫。按以上不同防控措施的要求进行田间设置、更换。

2. 示范智慧棉业技术

建设墒情、苗情、病虫情、灾情"四情监测站"一处，示范应用"互联网＋"智慧农业技术，开展大田棉花长势、近地气象、土壤墒情、病虫情等信息检测。

（二）示范区建设

（1）示范区棉花良种全覆盖，统一供应品种——鲁棉研 37 号，保证了品种的一致性。

（2）建设了千亩太阳能杀虫灯示范田一处，示范推广了新型生物有机肥、生物降解膜、残膜回收设备等绿色投入品，示范推广秸秆还田、土壤深耕、轻简化栽培、绿色统防统治植保技术等绿色高质高效技术。

（3）建设现代化节水、节肥水肥一体化设施设备一套，"水肥一体化"示范区面积 200 亩。

（4）构建"全过程"社会化服务体系。全面开展统一种植品种、统一肥水管理、统一病虫害防控、统一技术指导、统一机械作业等"五统一"社会化服务。

（三）辐射区建设

在新盛店镇、开发区 47 个村庄（社区）建立辐射区 5 万亩。按照"全县域"绿色发展方式引领要求，辐射区围绕"控肥增效、控药减害、控水降耗、控膜减污"，以轻简化栽培管理、病虫害统防统治、秸秆还田培肥地力等关键技术为核心，采取专家授课、田间现场观摩等形式，对辐射区乡镇技术人员和植棉大户带头人进行技术培训 3 次，培训人员 400 人次，广泛传播绿色高质高效发展理念，带动全县棉花转型升级和可持续发展。

二、取得的工作成效

一是普及绿色高质高效技术，实现节本增效。严格按照方案实施，绿色防控技术到位率、良种覆盖率、社会化服务覆盖率均达到100%，耕、种、管等社会化服务面积达到75%，项目区化肥、农药、种子等投入品的使用量得到了有效控制。其中，化肥每亩减少5~10千克，亩节约成本15元左右，利用率由33%提高到39%；施药次数每亩减少1~2次，亩节约成本15元左右，农药使用量较非项目区减少5.5%；种子每亩减少0.25~0.5千克，亩节约成本12元左右；项目区共可节约成本210万元左右。

二是打造全链条产业融合模式，实行订单生产。由于项目区棉花良种全覆盖，保证了品种的一致性，在项目区分发了布袋、布兜、布帽等1 100余套，多次普及采摘防"三丝"知识，推行分摘、分晒、分存、分售、分加工等程序，目前全部由宋楼棉花纺织产业联盟（新时、兴隆等纺织企业）订单回收，这样一方面满足了当地纺织企业对优质原棉的需求，另一方面解决了提高棉农收益的问题。

三是推行智慧棉业技术，提高生产管理水平。今年"四情"工作站、水肥一体化等新技术平台的建立，为实现农药、化肥投入品的减量化提供了保障。由于今年前中期高温干旱持续时间较长，在棉花病虫害方面，苗蚜较往年发生偏重，二代棉铃虫卵量明显多于去年同期，绿盲蝽、烟粉虱等次生害虫较往年发生较重。但由于建立了"四情"工作站，预防监测及时，项目区普遍采取了自走势高杆喷雾机喷防、无人机飞防等统防统治服务，在关键时期对棉铃虫、蚜虫、盲蝽象等害虫进行了防治，亩减少施农药次数1~2次，农药使用量较上年减少2.75%，同样达到了预期的防治效果。

四是探索区域作物结构调整，创新棉花耕作制度。总结开展的棉花—花生间作（两花双熟）、棉菜等间作套种、麦后直播短季棉的试验示范等新型棉花耕作制度，找到了适应当地棉花间作套种发展的新模式："四六式"棉花—花生间作。综合各项调查数据，"四六式"棉花—花生间作效益对比棉花纯作亩增效益244.8元，对比花生纯作亩增效益185.6元。加之当地有种植花生的传统习惯，棉花—花生间作模式的推广普及对提高棉经产业综合效益，保证稳定农民收入具有积极的作用，拥有广阔的发展前景。

2019 年 9 月 20 日，德州市农业农村局组织有关专家进行了测产复测：示范区平均亩成铃70 640个，根据品种审定铃重、衣分，折合亩产籽棉 336.3 千克，皮棉 138.86 千克；辐射区平均亩成铃 64 958个，折合亩产籽棉 309.2 千克，皮棉 127.6 千克。专家组认为，项目准确把握了项目实施内涵，集成推广了绿色高质高效标准化生产技术模式；以棉油间作套种、麦后直播短季棉的试验示范，实现了棉花耕作制度升级；推广优质棉花新品种，优化了棉花品质结构；引领示范带动绿色高质高效作用明显，达到了预期效果。

蒜棉互促，稳定金乡棉花生产

刘爱美　　尚晓宇　　张为勇　　宋传雪

金乡县农业技术推广站

金乡县地处鲁西南平原腹地，全县耕地面积 94 万亩，光照充足，昼夜温差大，雨量充沛。常年平均降雨量 694.5 毫米，年平均气温 13.8℃，日照 2 272 小时，无霜期 221 天，土壤肥沃，适合多种作物生长。大蒜是蒜都金乡的名片，是金乡县主要出口创汇的农产品。棉花是金乡县的主要传统经济作物，二者在国民经济中占有重要地位，是金乡县的支柱产业。在多年的棉花高产创建过程中，我们立足提质、增效，围绕棉花优质、高效、轻简、生态、绿色生产进行了多年探索研究。在省、市专家的指导下，创建出独具金乡特色的棉田高效立体种植模式。

一、金乡县棉田绿色高效种植模式的创建

在生物学意义上，由于大蒜茬口为棉花提供了非常适宜的光热肥水条件，并且大蒜气味及根际分泌物可以在共生期为棉花驱避苗期病虫害，而棉花可以把大蒜田的过剩肥分吸收，利于大蒜和棉花的优质生产。在经济学意义上，大蒜是调味品，是小作物，虽然效益较好，但是受市场影响、价格波动幅度大，"蒜你狠""蒜你贱"时有发生，而棉花是大作物，市场价格相对稳定，可以在一定程度上弥补大蒜收益不稳定的弊端，所以二者相得益彰，可谓是"黄金搭档"。

经过多年承担农业部棉花高产创建项目，金乡县逐渐创建出以

育苗移栽、蒜棉套种为代表的高产高效种植模式，常年种植规模达50万亩以上，一度曾达到70万亩以上，一般年份亩收入5 000元以上，好的年份达到10 000元以上。2013年高产创建攻关田经过农业部组织的专家实地测产验收，亩产皮棉177.0千克，创黄河流域棉花单产新纪录。

近年来由于受外棉冲击，棉价回升乏力，棉花种植比较效益下降，虽全国植棉面积直线下滑，大部分原有植棉区消失，而金乡县由于蒜棉套种模式的存在仍保持了较大面积，2018年、2019年植棉面积达到30万亩以上，略有反弹。

由于棉花价格低迷，植棉效益变差，单纯的蒜套棉亩收入已经不到8 000元（其中大蒜多数年份亩产值5 000元左右），2017年以来在省棉花生产技术指导站的指导下我县重点开展棉田耕作制度创新试验示范，勤劳智慧的金乡农民在我们农业人的积极引导下，开始进行进一步的种植业结构调整，在蒜棉套种的技术基础上，勇于探索创新，将种植效益更好的干椒、西瓜、蔬菜等作物纳入大蒜/棉花套种体系中进行立体种植，也取得了较高的收益，周年亩收入轻松达到10 000元以上。创新产生了大蒜/棉花‖西瓜、大蒜/棉花‖尖椒等生产技术模式。

二、金乡县棉田绿色高产高质高效种植模式

（一）大蒜/棉花‖西瓜种植模式

我县2017年推广近8万亩，之后每年推广5万亩以上（面积随价格略有波动），主要集中在肖云、兴隆、司马等乡镇，该种植模式适于棉花和西瓜简化栽培，利于大蒜机械化收获，减轻了棉农劳动，达到了节本增效的目的。

前茬种植大蒜，大蒜种植一般是2.3米畦，种植11行大蒜，大蒜行距18厘米。冬季在畦埂上沟施优质腐熟有机肥100千克作底肥。在畦埂两侧种一行棉花，一行西瓜，等行种植以瓜为主，棉花株数为1 100～1 200株/亩，西瓜株数为550～600株/亩；也可

进行两行棉花一行西瓜种植，棉花宽窄行种植，以棉花为主，棉花株数为 1 600～1 800 株/亩，西瓜株数为 550～600 株/亩。其中一行棉花一行西瓜种植模式利于大蒜的机械化收获，只此一项即可为蒜农降低成本近 500 元/亩。

该模式棉花单产籽棉 270 千克左右，亩收入在 1 670 元左右，西瓜单产 3 000 千克左右，亩收入一般在 2 000 元左右。棉花—西瓜间作收入一般在 3 670 元左右，再加上前茬的大蒜和蒜薹亩收入 6 000 元左右，仅大蒜、棉花、西瓜亩周年收入可达 9 670 元，棉花基本无烂铃。该模式还可以在大蒜播种前在畦埂上种植菠菜或香菜，西瓜 7 月份收获后还可以种植一茬花椰菜、甘蓝或其他快菜，亩收入过万元很轻松。

（二）大蒜/棉花‖尖椒种植模式

目前处于试验示范阶段，2014 年开始组装试验该技术模式，主要在兴隆、鸡黍、肖云等乡镇。

本模式的主要优点是可以较好地降低种植风险。种植尖椒虽然效益较高，但是尖椒非常容易因病害和渍涝减产甚至绝产。而棉花间行距 1 米以上，行间较大可以开沟作为尖椒田的排水沟，并且一旦尖椒出现因渍涝灾害减产或绝产，还可以有棉花的收成，可以使棉农不至于绝收。另外棉花植株较大，可以为尖椒遮阴，减轻尖椒日灼病，提高尖椒品质。

前茬大蒜有 2.3 米畦和 4.4 米畦，本文主要介绍 4.4 米畦，一般每畦宽 4.4 米，种两行棉花，六行辣椒。

辣椒一般在二月下旬三月上旬育苗，棉花在三月底至四月上旬育苗，四月下旬至五月初同时移栽蒜田。

两行棉花六行尖椒为一个种植带，棉花间行距为 1 米左右，株距 26 厘米，棉花每亩 1 166 株；椒棉间距 60 厘米，尖椒行距 44 厘米，尖椒穴距 25 厘米，每穴 2 株，亩穴数 3 600 穴。棉花和尖椒管理同大田。

该模式棉花单产籽棉一般超过 250 千克，亩收入 1 500 元左右，辣椒单产 240 千克左右，亩收入一般在 2 500 元左右。棉花辣椒间作收入一般在 4 000 元左右。加上前茬大蒜、蒜薹亩收入 6 000 元左右，亩周年收入 1 万元左右，田间基本无烂铃。

三、金乡县棉田立体高效种植模式的技术优势

棉田立体高效种植模式较好地诠释了绿色、高质、高效、轻简化植棉新理念。

（1）大蒜田间作的秋作物棉花、尖椒、西瓜、蔬菜等绝大部分都是育苗移栽，育苗期易于实现社会化、工厂化订单育苗，订单生产既利于控制产品质量，又可减少棉农生产环节，苗期大田基本不用农药，绿色环保又节约成本。

（2）棉花、尖椒、西瓜一般选用个体生产潜力大，生产竞争力强的优质品种，尽量为各种作物提供最优的田间光热肥水资源，最大限度发挥个体优势创高产，实现优种优质。

（3）由于棉花与间作作物条带种植，作物间发展空间大，田间通风透光条件好，前茬及间作作物施肥量较大，可以对棉花实行"三不"快乐植棉技术，即：不施肥、不整枝、不化控，7 月 10 日前后打顶，让棉花自由发展，尽量多结铃，减少人工及物化投入，节本增效环保，并且棉花品质好，基本无烂铃。

（4）由于大蒜气味及分泌物的驱避作用，及移栽前苗床集中用药，所以套种作物与大蒜共生期基本不用施药，大蒜收获后根据病虫预报适时集中统一用高效低毒农药防治棉铃虫、飞虱、蓟马、盲蝽象、烟粉虱等，棉花大田生长期基本不用单独用药。棉花生长中后期田间仍施药比较辛苦，尽量使用无人机进行防治，高效、安全、环保。

四、推广中应注意的问题

（1）推广棉田高效立体种植要与当地棉农种植习惯相结合，利

于棉农接受。

（2）要与当地市场相结合，特别是间作作物尽量有订单，否则不宜大面积推广，以防烂市伤农。

（3）尽量把新的种植模式和当地机械结合，实现农机农艺融合，快乐植棉。

蒜乡棉花人看棉花产业振兴

刘爱美　尚晓宁　张为勇　宋传雪
金乡县农业技术推广站

一、金乡县棉花生产发展历程

(一) 金乡县基本生产条件

金乡县地处鲁西南平原腹地，隶属山东省济宁市，东邻鱼台县，西靠成武、巨野两县，南与单县及江苏省丰县交错接壤，北与嘉祥县、济宁市任城区相连。县域总面积 887.67 千米^2。全县常用耕地面积 94 万亩，地势平坦，土层深厚，土壤肥沃，属暖温带季风型大陆性气候，冬冷夏热，四季分明，年平均气温 14.6℃，日照时数 2 220.2 小时，无霜期 215 天。年平均年降雨量 694.5 毫米，蒸发量 1 200 毫米，县内 24 条河流均匀分布，可利用水资源 3.63 亿米^3，配套田间机井 2.1 万余眼，形成了"井河"双灌体系。平畴沃野，林茂粮丰，农业生产条件十分优越，适合多种作物生长。

(二) 棉花生产情况

金乡县多年种植棉花面积 50 万亩以上，2011 年达到 80 万亩以上，近年来由于受外棉冲击，棉价回升乏力，棉花种植比较效益下降，虽全国植棉面积直线下滑，大部分原有植棉区消失，而金乡县由于蒜棉套种模式的存在仍保持了较大面积，2018 年、2019 年植棉面积仍达到 30 万亩以上，是山东省重要的棉花生产、加工基地，同时也是棉花品种、棉花种植技术的竞技场，是中国棉花生产形势的缩影。

（三）栽培管理技术创新情况

育苗移栽、蒜棉套种是金乡棉花生产的一大特色，大蒜棉花高产高效生产模式形成规模，农民工实现就地转移，农民工时价格大幅度提高，农闲时 60 元/天以上，农忙时超过 100 元/天，传统种植模式棉农辛苦大半年无钱可赚，特别是现在棉花价格长期低迷，大部分棉农在赔钱生产，为减轻劳动强度，提高植棉收益，我们进行了一系列棉花栽培技术模式探索创新。

1. 轻简化育苗技术创新

金乡县农业局根据生产形势的要求首先从育苗方式开始抓起，2004 年引进棉花基质育苗裸苗移栽技术，2005 年引进基质穴盘带基质移栽技术，2005—2007 年农业部在我县定点进行棉花不同育苗方式试验，至今我们一直在做棉花育苗（播种）方式试验。2012 年引进基质水浮育苗带基质移栽技术和蜂巢式纸钵育苗技术，各种育苗方式在金乡县蒜棉套种模式的生产生态条件下均获成功，均达到成活率、产量与传统的营养钵育苗移栽技术相当，有效降低劳动强度的效果。

2. 短季棉机械化播种技术创新

为进一步推进棉花生产机械化步伐，2011—2013 年开展棉花基质育苗蒜后机械化移栽试验，在 2012 年后又试验示范了短季棉蒜后机械化直播技术，多年籽棉单产平均达到 250 千克，2014 年的蒜后短季棉籽棉单产达到 300 千克/亩，得到棉农和专家的认可。

3. 无人机防治病虫害技术创新

从 2013 年开始，金乡县农业局抓住棉铃虫最佳防治时期，组织微型无人驾驶飞机，在我县棉花高产创建示范区化雨镇、兴隆镇、吉术镇 3 个乡镇的 8 个村的近万亩棉田进行棉铃虫等鳞翅目害虫的防治试验示范，效果显著。具体表现为：一是施药快，每机每天喷药 400～600 亩，是人工防治的 50 倍以上，并避免了农药对棉农身体的危害。二是防效好。由于无人机速度快，雾滴小，喷布均匀，因而比人工作业防效高，特别是对迁徙害虫，如：绿盲蝽、粉虻等，效果更加明显。三是减少农药用量 20% 左右，大幅度降低了对环境的污染。四是开辟了棉花病虫害防治社会化服务的先例。

4. 棉田高效立体模式创新

近年来我们针对棉花种植高产不高效的情况，开展棉田周年高产高效立体种植研究，我们指导棉农在棉田种植大蒜、辣椒、西瓜和蔬菜，把棉田变成瓜果蔬菜园，在省市领导和专家的指导下，本县棉田大面积周年蒜、棉、瓜、菜总产值过万元，特别是今年大蒜、辣椒价格都较好，有的地块亩产值接近 2 万元。

5. 拔材机械化创新

2012 年以后又推广了棉花拔材机械化代替人工拔材，进一步推进棉花生产的机械化进程，减轻棉农劳动，提高效率。

连续多年金乡县被山东省棉花生产技术指导站确定为农业部棉花高产创建示范县、棉花轻简项目示范县。2013 年金乡县棉花最高亩产皮棉 177.0 千克，创黄河流域棉区高产纪录。

近几年又开展了短季棉蒜后、麦后免耕机播试验示范，开始了向棉花全程机械化迈进的步伐。2019 年试验田蒜后短季棉籽棉最高单产达到 320 千克以上，麦后短季棉达到 210 千克以上，一定程度上稳定了棉花面积，富裕了一方百姓，促进了棉花发展。

二、棉花产业面临严峻考验

（一）中美贸易摩擦对中国棉花产业带来挑战和机遇

近年来，中美贸易摩擦导致棉花期货价格 7 月、8 月一度低于12 000 元。这既是挑战也是机遇，这让我们国人加快了由中国制造向中国创造的步伐，引起领导和企业对棉花产业结构调整的高度重视。

（二）比较效益低，植棉面积快速下降，棉花加工企业面临重新洗牌

近几年种植面积、市场价格、种植成本、亩均收入变化情况详

见表 1。由于 2009—2010 年度棉花价格飙升（由 2008 年籽棉平均 5.02 元/千克升至最高 14 元/千克）引起棉花种植面积暴涨，由 2009 年的 67 万亩飙升至 2011 年的 80 万亩，后由于国家出台棉花临时收储政策，棉价下降（最低达到 8 元/千克）、生产成本增加、效益减少等因素影响，棉花种植面积呈逐年下降趋势。

近几年，由于外棉冲击和国家收储政策取消及中美贸易摩擦的影响，棉价长期低位运行，植棉比较效益下降，甚至棉农在亏本生产。以 2014 年为节点，金乡县棉花种植面积急转直下，由 2010 年以来一直保持的 70 万亩上下急降至 2015 年以来的 40 万亩左右，2017 年甚至不足 30 万亩，这对金乡棉农的影响并不大，因为我们金乡县棉农及时把蒜棉套种过渡到效益更高、栽培技术相似的大蒜尖椒套种（尖椒的亩产值一般在 4 000 元左右，成本与棉花相当）。但是对于我国本土棉花产业的打击基本上是毁灭性的。

表 1　金乡县历年棉花生产收益情况

年份	面积（万亩）	籽棉单产（千克/亩）	皮棉单产（千克/亩）	籽棉价格（元/千克）	收入（元）	成本（元）	纯收入（元）
2008	66.22	222.89	89.15	5.02	1 118	550	568
2009	67	234.84	93.94	7.42	1 744	600	1 144
2010	76.42	225	90	12	2 700	700	2 000
2011	80	210	84	8	1 680	955	725
2012	70	274	114	8.3	2 365	1 460	906
2013	71.4	272	108.8	8.6	2 339	1 665	674
2014	54	284.921 9	113.968 7	6	1 709.53	1 497	212.53
2015	43.4	270.3	108.1	6	1 621.5	1 448	173.5
2016	32	256.9	106	7	1 798.3	1 408	390.3
2017	26.5	248.1	101.4	6.4	1 587.84	1 388	199.84
2018	33.3	200.2	83.5	6.45	1 293.23	1 598	−304.78
2019	30.6	222.8	91.5	6	1 336.8	1 576	−239.2

注：以上数据为各年调查数据，2014—2017 年人工费按 50 元/工计，2018 人工费按 60 元/工计，金乡县实际人工 100 元以上。

我县绝大多数棉花收购加工企业难以维持正常运转，有些企业停产转行，经营大蒜、辣椒或玉米。棉花收购加工企业由最多的200多家下降到20多家，金乡县棉花收购加工企业重新洗牌，山东聚汇集团异军突起成为山东省收购、加工、仓储、贸易量最大的棉花产业集团；济宁锦花商贸股份有限公司把分公司开到新疆，甚至是国外。而2018年棉花面积反弹是因为金乡县2017年、2018连续两年发生严重涝灾，而效益较好的尖椒极不耐涝，造成大面积减产绝收，所以部分涝洼地不得不种植比较耐涝稳产的棉花。

受国家停止收储和外棉冲击，2014—2018年金乡县棉花价格一直保持在6～6.4元/千克左右低位运行，造成植棉效益下降，棉农植棉积极性不高，棉花种植面积大幅度下滑。

棉花生产成本逐年提高，主要是人工成本越来越高，金乡县农民就地打工比较普遍，一般每天至少有100元收入，很多年轻力壮的农民进城或就地打工，部分农民边种地边打工，所以现在打理棉花的大部分是60岁以上的老人和照顾家的妇女。

（三）棉花产需脱节

棉花一家一户分散生产，品种多、乱、杂现象严重，棉花品质不一致，棉花市场竞争力不足。一方面农户棉花优质优价难以实现，另一方面用棉企业得不到需要的好棉花，棉花产品难以提档升级。

三、振兴棉花产业的措施建议

如果棉花价格以后一直保持在低价运行，棉农肯定转产其他作物，棉花种植面积将迅速减少，不出3年将没人大面积种植棉花，不出10年，将没人会种植棉花。但是棉花产业是我国的一大出口支柱产业，关系国计民生，关系大量棉花种植业、棉纺织企业及员工，如果棉花产业链断裂或崩溃，后果不堪设想。

（1）建议政府要在确保国计民生的前提下发挥宏观调控作用，不要过于干预，平等对待所有企业、地区，在政策、信贷等方面一视同仁，促进企业间良性竞争。现阶段要加大政策扶持力度，建议对棉农进行直补或目标价格补贴，以确保棉农生产成本，通过市场手段稳定提高棉花价格，同时应该把棉花补贴尽早发放到棉农手中，提高植棉积极性，稳定棉花生产。

（2）建议国家改进粮棉收储政策，国家提供政策、资金支持，在各地创建大型专业化棉花收储物流中心库，打造棉花专业化物流市场，通过加强仓储物流可以把我县棉花产业与全国棉花产业链衔接起来。借鉴金乡大蒜市场建设经验，建设一个大型的棉花专业化物流市场，创建棉花期货交易平台或类似平台，吸引全国甚至世界用棉企业参与线上线下订单生产及交易，促进市场良性有序竞争，做活做大棉花产业。收储的棉花要严格分级储存销售，随时流通，随时更新，确保我国棉花库存和生产用棉，稳定世界棉花价格。

（3）加强棉花品种试验场的建设，创建棉花种质资源库，每年进行优质棉及专用棉花品种试验示范，促进棉花产业链产、学、研、育、繁、推结合，供用棉企业和棉农选择适宜的棉花品种，供订单生产用种。

（4）通过用棉企业或收储企业与村、镇，甚至县整建制订单专业化、标准化生产，拉大棉花品级价格差距，实现棉花优质优价，提高棉农对优质棉生产的重视，促进棉花规模化、专业化生产，提高我国棉花品质和纺织品的档次及竞争力。

（5）加大棉花生产机械化、轻简化、高效化的研究与推广力度，特别是要加强机械化收获的研究，将来棉花生产的规模化、专业化必将依靠机械化、社会化。要围绕提高机械化水平、轻简化管理降低生产成本和提高植棉效益多做文章。

金乡县在棉花生产技术方面进行了积极创新。

一是对棉田病虫害统一进行无人机飞防，不仅省时省工，避免了棉农在酷暑中喷药的辛苦，减轻农药对人的毒害和对环境的污染，受到了农民的认可，引领了棉花病虫害防治新理念。

二是采用工厂化基质育苗和纸钵育苗移栽技术，简化育苗工作，减少用工成本。

三是推广蒜后短季棉机播，去掉育苗环节，减少用工，更是促进大蒜的机械化收获，又降低大蒜的收获成本。

四是在蒜棉套种的基础上创新棉田种植模式试验示范，推广了大蒜/棉花‖西瓜和大蒜/棉花‖尖椒种植模式，周年亩收入一般年份达万元以上，提高了棉田周年收益，降低了生产风险。

以上技术经多年试验成功，大幅度提高了棉农收入，为棉花生产的机械化、社会化服务开辟了新思路。

（6）建议要整建制开展高产创建，处处创高产，人人搞创新，结合全国棉花高产创建活动开展各级棉花生产大奖赛，刺激广大棉花技术工作者和棉农对植棉新技术新成果的研究、推广、应用，促进棉花生产技术的整体提高。

"保险＋期货"携手让棉农
吃上"定心丸"

胡顺权　安　涛

中华联合财产保险股份有限公司山东分公司

当前，农产品价格大起大落，"价低伤农、价高伤民"的矛盾十分突出。"吃"与"穿"始终是一个关系经济发展和社会安定的根本问题。棉花收购价的波动牵着广大棉农的心，价格的高低决定着这一年的种棉收益，还有未来种植棉花的信心。

一、棉花价格保险现状

今年，我省下发了《山东省棉花目标价格保险实施方案》，方案中明确规定了棉花目标价格保险采用"保险＋期货"模式，这是棉花目标价格保险首次在我省大规模试点，也是从传统价格保险到新型价格保险的创新。由于传统价格保险理赔概率要远远高于其他险种，价格暴跌或者暴涨往往带来巨额赔付风险，所以引入"保险＋期货"模式，即相当于给价格保险进行再保险，从根本上解决了价格保险巨额风险无法对冲的问题，是对价格保险可持续性的一次有益探索。

中华保险山东分公司高度重视"保险＋期货"项目，为项目开展作了全面细致的准备。在项目开展过程中，我公司作为首批参与项目方案设计的三家保险公司之一，多次参加了项目的研讨，在近期确定的首批 6 个项目试点县区中，我公司在 4 个县区参与承办，是参与承办县区最多的保险公司。2018 年我省棉花总计承保面积约 200 万亩，我司承保面积达 70 万亩，占近三分之一，为该项目的开展奠定了良好基础。

2019 年棉花价格"保险＋期货"项目，每亩保费为 120 元，保障皮棉价格不低于 15 200 元/吨，即保障每亩 1 216 元，保费实行全额财政补贴，由各试点县（市、区）从省财政下达的中央棉花目标补贴资金中列支。根据《山东省 2019 年棉花目标价格保险方案》规定，我公司严格按照方案中的要求制定了《中华财险山东省地方财政棉花目标价格保险条款》。目前已在试点县区完成了承保工作，对棉农的基本信息数据已完成了采集和统计，并已出单完毕，覆盖棉花种植面积超过 20 万亩，服务棉农 4.5 万户。

从前期我国开展的棉花价格保险试点情况来看，均取得了很好的效果。如 2018 年，中华保险在克州棉花"保险＋期货"试点项目，试点项目承保数量 1 240 吨，承保户数 891 户，保险价格 16 740元/吨，理赔金额 109.57 万元，户均赔款 1 229.74 元。喀什 51 团试点项目承保数量 1 975 吨，保险价格 16 175 元/吨，户数 623 户，理赔金额 233.66 万元，户均赔款 3 750.56 元。可以看出，从 2006 年新疆尝试把价格补贴政策改为保险补贴政策后，取得了良好的效果，

从今年情况来看，棉花价格持续下跌，期货交易价格从年初的超过 16 000 元/吨一直跌到了 12 500 元/吨左右，贸易风险、市场风险等各种因素层出不穷，棉花交易价格波动巨大，普通棉农无力改变，只能被动承受由此带来的损失。但是对于参与了 2019 年山东省棉花目标价格保险的棉农来说，却是另外一番局面，有了保险"撑腰"的棉农，面对市场价格频繁波动能够"处变不惊"，保险和期货携手，农户有了抵御风险的能力，增加了收入的稳定性，这样的保险产品得到了棉农从心底里的认可。

二、棉花价格保险的意义

从发达国家的大宗农产品价格管理机制来看，利用期货这个工具已经是一个比较普遍的现象，在发达国家，部分大规模棉花种植

者会利用期货这个金融工具，来对冲不可预测的价格波动带来的损失，从而获得一个较为平稳的收益，这有利于棉花种植的可持续健康发展。但是，从我国的实地调研情况来看，棉农普遍缺乏对于期货知识的了解，由于资金、能力、风险管控意识等方面的欠缺，他们短期内尚未达到参与期货市场的要求，一边是成熟的管理价格风险的金融工具，一边是庞大而零散的种植农户，如何架通这个连接的桥梁，这是摆在我们面前的一个重大课题。

换一个角度来看，我国已经推行了十年的政策性棉花种植保险，经过多年的宣导、推广，棉农对于政策性农业保险已经高度认可，参与度达到 95％以上。同时，保险公司基层机构健全，从事农业保险经验丰富，积累了大量农户数据，可以首先由保险公司向农户销售棉花"价格保险"，再由保险公司统一找期货公司购买场外期权，这会极大地提高棉农认可度，进而提升工作效率，这种把期货工具送到农户门口的"保险＋期货"模式，对促进棉花产业的健康发展与经营稳定有着重要的研究意义。

从 2014 年开始，美国开始把价格补贴转变为保险补贴，2016年我国首先从新疆试点把价格补贴转变为保险补贴，无论国内还是国外，这种方式均取得了很好的效果，可以说推广价格"保险＋期货"模式，可有效促进棉花行业健康发展，我国棉花行业通过多轮改革，已成为国际上举足轻重的产棉国和用棉国。但由于市场环境的不断变化，旧的产业模式需要变革，棉花市场面临的问题更需要尽快解决。"期货＋保险"补贴模式将为棉花行业带来新的变革。保险公司积极利用期货市场，推出农产品价格保险，可以为我国农户的种植生产提供良好的保障。同时，利用期货市场套期保值的功能，保险公司在提供保险产品的同时可以有效地规避可能存在的巨额理赔风险，这又保障了保险公司的经营发展。

三、棉花价格保险的优势

具体来讲，"保险＋期货"模式有以下四点优势。

（一）可以规避价格波动风险，减轻国家财政负担

对于国家而言，风险得到分担，国家不用像过去一样负担巨额支出。通过推广新型农产品价格保险，农产品市场风险将会由政府承担转移为利益相关方共同承担。农民将价格风险以保费的形式转移给保险公司，保险公司将承担的价格风险转移给期货公司，在稳定了农产品市场价格的同时增强了农业企业的再生产能力，并且提高了农业抗风险能力。对于农户而言，以确定的保费避免未来市场价格波动的风险，在目标价格保险的保护下，农户无须因为期货、期权市场门槛高而望洋兴叹。

（二）可以充分发挥期货市场的功能，对冲价格保险的风险

期货市场在价格保险中可以充分发挥其基本功能。具体来看，第一，利用了期货市场的价格发现功能。保险公司推出农产品价格保险，为我国农户的种植生产提供了良好的保障。一方面可以引导农户安排种植品种的比重。比如，如果某一农产品期货品种价格上升，就提示生产者应该增加该品种的产量，反之则应该控制该品种的产量，从而能够科学地安排农业生产，稳定收入来源。另一方面，根据农产品期货市场的价格发现功能，也能够很好地解决农民销售农产品的时机问题。在农产品期货市场价格先于现货市场价格变动，而现货市场价格还没有得到反映时，农民应该根据期货市场价格来决定农产品的出售与否。第二，利用了期货市场的套期保值功能。保险公司在提供保险产品的同时可以有效地规避可能存在的巨额理赔风险，这又保障了保险公司的经营发展。因此，探索利用期货市场来对冲农业保险所面临的风险具有重要意义。

（三）未来政府基于完善的保险体系，稳固和壮大棉花产业，推进棉花产业的融合发展

价格"保险＋期货"保险试点能够带动和影响棉花政策性保险

工作，政策性保险承担的是农户种植农产品的风险，保障的是农户种植过程中的基本投入，价格"保险＋期货"保障的是农户的价格风险，由于试点工作的带动刺激，相互促进了政策性保险和价格保险的承保，有效化解了农户从种植到销售的所有风险，保证了农户的全部收益，稳固和壮大了棉花产业。同时，由于期货公司的介入，降低了保险公司的经营风险，促进保险、期货、种植户共同融合发展。

（四）提高了棉花价格补贴工作实效，减轻了政府的运行成本

在当前不断深化棉花目标价格改革的形势下，能够解决财政补贴的不确定性大、预算难以安排等问题。加快补贴资金支付进度，能缓解棉农的贷款偿还压力、降低棉农的财务成本。通过发挥市场的作用，在较大程度上简化政府操作、降低行政成本，提高补贴资金的工作效率。

总的来说，"保险＋期货"这种模式充分发挥了期货市场的功能，完全对冲了价格保险的风险；完善了保险体系，稳固和壮大了棉花产业；提高了棉花价格补贴工作实效，减轻了政府的运行成本。为服务"三农"、服务实体经济寻找到了新的途径，而且丰富了保险产品的种类，最终实现农户、政府、保险公司与期货公司多方共赢。

棉花"保险＋期货"业务简介

人保财险山东省分公司农业保险部

一、"保险＋期货"业务政策背景

2014年国务院发布了《关于加快发展现代保险服务业的若干意见》，明确了今后较长一段时期保险业发展的总体要求、重点任务和政策措施，该意见明确指出"要求大力发展'三农'保险，创新支农惠农方式""开展农产品目标价格保险试点，丰富农业保险风险管理工具"。2016年中央1号文件《关于落实发展新理念加快农业现代化实现全面小康目标的若干意见》中指出"把农业保险作为支持农业的重要手段""探索开展重要农产品目标价格保险"和"稳步扩大'保险＋期货'试点"。2019年中央1号文件《关于坚持农业农村优先发展做好"三农"工作的若干意见》中明确要"完善农业支持保护制度""扩大'保险＋期货'试点""支持重点领域特色农产品期货期权品种上市"。农产品"保险＋期货"作为保险界和期货界的共同创新，自2016年以来连续四年写入中央1号文件，"保险＋期货"已经成为我国金融市场探索推出的支持"三农"发展和服务农业供给侧结构性改革的创新模式，符合新时期党和国家的农业保险政策。

二、我省农产品价格保险发展现状

近些年,随着农产品市场化进程的不断发展,农产品市场价格风险逐步加大,农产品价格保险已经成为农业保险不可或缺的一部分。

目前我国农业生产仍以小规模的家庭经营为主体，这就使得农产品的生产消费十分分散，市场信息更加零星，这种信息的不完全和不对称，使得农产品价格风险预测具有不确定性。加之，目前我国的农业市场机制正在建立中，运行机制还很不健全，农业市场主体的缺位，造就了农产品流通机制、农产品价格机制、市场信息传播及反馈机制等不健全不完善，这些方面都极大制约了农产品价格指数保险的可持续健康发展。

"保险＋期货"作为价格保险的一种，它是以期货市场价格作为保险价格的价格保险形式。在我国多层次资本市场体系发展与建设中，期货市场具有规避价格风险和发现价格的优势，有利于市场供求和促进价格稳定的功能。随着期货品种的逐渐丰富，期货市场得到了快速发展，越来越多的企业、个人投资者参与到期货市场中。特别是近些年，随着市场价格风险的逐步加大，农产品的市场化进程的不断发展，期货已经成为必不可缺的金融衍生工具。

三、开展"保险＋期货"业务的重要意义

"保险＋期货"创新模式，是保险与期货相融合的金融模式，实现了保险和期货金融机构的优势互补与合作共赢，保险公司具备丰富的保险产品设计经验和保险客户基础，期货公司具有规避价格波动风险的专业能力。保险公司通过购买期货公司的"场外期权"产品，相当于实现了风险的转移，期货公司通过在期货市场上进行复制期权的期货操作，将风险在期货市场上进行进一步分散。这种融合的模式改变了传统保险公司和期货公司各自为战的不足，既丰富了保险产品的种类，又切实发挥了期货公司的专业能力。

棉花"保险＋期货"业务的开展，充分发挥了市场的价格配置作用，进一步创新了棉花补贴方式，保障了棉花生产者的经济利益。利用棉花期货的远期价格发现作用，能有效引导棉花生产者的生产行为，倒逼其转变生产方式，推进我省棉花产业转型升级，提高我省棉花产业的市场竞争力；通过农业保险这一绿箱政策的运

营，提高棉花生产者的抵御市场风险的能力，保证了预期收益；综合保险和期货这两种金融手段支持棉花产业振兴、服务实体经济，打通我省棉花产业与资本市场的对接渠道，创新了金融支农服务的手段和措施，丰富了支农惠农的体系。

四、我省棉花期货价格保险介绍

（一）基本原理

保险公司基于期货市场上相应的农产品期货价格，开发农产品价格保险；农民或农业专业合作社通过购买保险公司的农产品价格险，确保收益；保险公司通过购买期货公司的场外看跌期权产品进行再保险（由于目前期货市场尚没有场内期权上市，因此只能使用场外期权替代），以对冲农产品价格下降可能带来的风险；期货公司在期货交易所进行相应的复制期权操作，进一步分散风险，最终形成风险分散、各方受益的闭环。

（二）开办原则

按照"坚持自主自愿、体现普惠性、棉农利益最大化、做好政策衔接"的原则开办棉花期货保险，促进全省棉花产业高质量发展，助力打造乡村振兴战略齐鲁样板。

（三）主要内容

棉花期货价格保险作为新兴险种，为棉花种植农户在保险期限内，因棉花期货市场价格下跌造成的直接经济损失，依照保险合同约定由保险人负责赔偿。

棉花期货价格保险试点期间实行全额财政补贴，切实调动棉农生产投保积极性。

保险到期后，保险人根据最终确定的保险结算价格，一次性将赔款支付给棉花种植农户。

棉花涝渍灾后生产管理技术指导意见

魏学文　　王桂峰

山东省棉花生产技术指导站

为指导受灾地区科学开展灾后自救，尽快恢复棉花生产，特制定如下生产管理技术指导意见。

一、准确判定灾害程度

根据我省棉花生产情况，棉花受涝渍危害大体可分为五个级别：一级为轻度危害，淹水 10 小时，及时排水基本不减产；二级为中度危害，持续淹水 1～2 天，积水未淹没整个棉株，蕾、铃、花、叶脱落严重，有轻度死株现象，如及时排水加强管理，棉花可快速恢复生长发育，减产较轻；三级为重度危害，棉花持续淹水3～4 天，棉田积水 40～50 厘米，70％以上的棉株没顶，排水后棉株顶心不死，多数蕾、花、叶脱落，死苗率20％左右，一般排水 3天后侧芽及上部枝叶开始恢复生长，如及时管理，一般减产30％～40％；四级为严重危害，持续淹水 4～5 天，棉田积水淹没整个棉株，棉花处于死亡临界状态，排水后棉花出现似死现象，棉株顶心死亡，蕾、铃、花、叶全部脱落，根系发黑，死亡率50％以上，一般排水后，幸存棉株恢复生长缓慢，减产幅度较大；五级为特重危害，持续淹水 6～7 天以上，排水后棉花基本全部死亡，果枝、花蕾、叶片等器官全部腐烂。各地可参照此标准，科学判定受灾程度。

二、及时采取补救措施

棉花抗涝渍性的强弱，取决于棉花形态结构和生理代谢上对缺氧的适应能力。棉花受涝渍灾后的关键农艺补救措施就是要增加棉花地上部器官向根系的供氧能力，重新恢复棉花根系活力。对于受灾程度在三级以下的棉田，应采取以下措施。

（一）及时排除积水

棉田淹水后，首先要及时排除田间积水，同时将淤塞的支沟、毛沟进行清理，降低地下水位，排除泥涝，以利于棉株恢复生长，减轻棉花严重涝灾排水后渍的危害。开挖和通排水沟渠是抗灾防涝的前提。

（二）突击扶理倒伏棉株

扶理时间要早，要边退水边扶苗，巧扶，轻扶、顺行扶，切忌硬拉，不宜用脚猛踩，以免根系受伤。同时，清洗叶面浮泥。棉株扶正后，培土稳棵，使植株直立生长，以改善棉田的通风透光条件。

（三）科学追施肥料

排水后往往伴随土壤养分的流失，因此要适当追肥，补充土壤营养，促使棉花尽快恢复生理机能，一般每亩用0.5%的磷酸二氢钾和3%的尿素混合液，每隔5～7天喷一次，连喷2～3次。喷肥时间应选择阴天或傍晚进行，以防烧叶。为减少用工，叶片喷肥可与喷洒化学农药结合进行。在有条件的地区可进行浅中耕，通过补施肥料促进棉花生长发育，早结、多结秋桃，防止早衰。

（四）注意化控和及时修棉

棉花受涝渍后易引起蕾铃脱落，根系早衰，导致营养生长与生殖生长严重失调。为此，要加强整枝修棉，对于受灾程度在三级以下的涝害棉田可把下部老叶、空枝去掉。

（五）加强病虫害综合防治

棉花受灾后，后期生长幼嫩，四代棉铃虫以及烟粉虱、斜纹夜蛾、甜菜夜蛾、盲椿象、棉蓟马、棉红蜘蛛等虫害发生的可能性增加，要注意及时防治。

（六）及时摘除棉花烂铃

涝渍棉田湿度大，极易烂铃，退水后，及时摘除铃壳发黑的棉铃，用1%的乙烯利溶液浸蘸后晾晒，可避免僵瓣花的形成，减少烂铃损失。

三、及时补种改种其他作物

对于少数受害程度达到四级和五级的棉田，可根据当地茬口安排，在不影响下茬作物种植的同时，抢种其他速生高效作物，如生长期短的蔬菜等，以最大程度挽回损失。

棉花灾后生产管理技术指导意见

孙学振　苗兴武　王桂峰

山东农业大学农学院　东营市棉花管理站

山东省棉花生产技术指导站

受台风"利奇马"影响，我省部分地区棉田严重内涝、棉花倒伏，棉花后期生长面临严峻形势。为切实减轻涝灾损失，尽快恢复棉花生长，特制定如下田间管理技术指导意见。

一、争分夺秒抢排水

排水是减轻涝灾损失第一位的措施，也是其他技术措施的前提与基础。各地要及早疏通河流排沟，打通竹节沟，挖好田间鱼刺沟；加强输水渠沟疏通，保证三沟畅通、排灌自如、雨住水退，以防棉田再次遭受渍涝危害。雨后迅速组织人员抢时排除田间积水。对排水不畅的低洼地块，要采取强排措施，尽可能缩短田间积水时间。有条件的地方可将棉叶、茎秆上的淤泥清洗干净，使棉叶尽快恢复生理功能。

二、及时扶理倒伏植株

对于发生倒伏的棉花，要及时顺着倒伏的方向下地，要边退水边扶苗，轻轻地将棉花扶起，顺行扶，切忌硬拉，不宜用脚猛踩，扶正棉株后要壅土固根，防止再次倒伏，确保植株直立生长以免根系受伤，有条件的地区可进行浅中耕。加强整枝，受灾脱落严重的棉田后期容易出现二次生长，应及时摘除新生的赘芽，以改善田间通风透光条件。

三、科学进行叶面施肥

当前棉花根系吸收能力已逐渐衰退，棉田渍涝导致根系吸收能力进一步下降，不宜再进行根际追肥，可采用叶面喷肥。为预防雨后阴晴急转，温度升高，引发棉花萎蔫、青枯，同时为预防棉花脱肥早衰，雨后可喷施 3％的尿素溶液加 0.2％磷酸二氢钾溶液，每隔 5～7 天喷一次，连喷 2～3 次。喷肥时间应选择阴天或傍晚进行，以防烧叶。为减少用工，叶片喷肥可与喷洒化学农药结合进行。

四、注意防治病虫害

雨后田间湿度大、温度高，加之棉花生理机能没有完全恢复，抗病能力下降，容易感染病害。为此，雨后要及时喷施杀菌、抗菌剂，预防棉花病害发生。烟粉虱、绿盲椿等喜湿害虫可能发生，应加强预测预报及时防治。防治可使用 50％ 氟啶虫胺腈水分散粒剂 10～13 克/亩＋22.4％螺虫乙酯 25～30 毫升/亩或 25％噻虫嗪水分颗粒剂 20～30 克/亩＋22.4％螺虫乙酯 25～30 毫升/亩喷雾或 20％呋虫胺可溶粒剂 20～30 克/亩＋75％硫双威可湿性粉剂 60～80 克/亩喷雾，在上午 7 时以前或下午 4 时以后进行喷洒，每隔 7 天喷一次，连喷 2～3 次。

五、及时收花晾晒

由于受涝灾影响，很多棉田可能会出现烂铃，应及时摘除开始发黑的棉铃，用 1％的乙烯利浸蘸后进行晾晒，以避免僵瓣花的形成，减少烂铃损失。棉花采收应做到如下三点，一是及时采收。正常棉铃以吐絮 5～7 天后采收为宜，为节约用工，可以根据吐絮情况集中采收 2～3 次，采收要用棉布兜。二是采收、晾晒、包装、储藏等要重视籽棉颜色，操作上要把白色花与暗淡花、僵瓣花与白花、霜前花与霜后剥桃花、正常吐絮好花与污染花实行分收、分晒、分储、分售。三是晾晒籽棉场地要保持清洁干净，采收、晾晒、储藏应控制"三丝"混入籽棉，确保原棉质量。有条件的地方要坚持机械采收。

全省传统棉作区种植业结构及产业模式调整优化技术促进工程

王桂峰　纪凤杰　张　捷　高　涵　肖春燕

随着工业化、城市化的加速推进，农业劳动力成本提高较快。由于农业比较效益、比较劳动生产率走势渐低，全省种植业结构市场化调整加快。我省棉花生产因劳动用工多、劳动投入大，农户经营的规模化、机械化程度小，传统植棉业凸显萎缩衰退态势。棉农是否种植棉花取决于种植效益、种植成本的比较选择情况，棉农是否能够种出质量好的棉花取决于棉花产业运行的结构，棉农是否采用新技术取决于新技术能否提高生产效率。因此，加快新技术、新产业、新植棉业态的示范推广，构建棉业发展内生技术产业支撑机制，对于稳定推进并重振我省棉花生产体系有很大影响。

一、全省传统棉作区种植业结构及产业模式调整优化技术促进工程提出的背景、意义及有关产业性概念

我省是传统植棉业大省，纺织品服装工业一直是全省五大万亿级产业之一。近二十年来伴随着工业化、城市化推进及全国棉花生产格局急剧变化，我省棉花种植面积、产量收缩幅度较大，植棉业基本以每年 80 万～90 万亩规模呈快速衰减态势。2018 年，我省棉花种植面积仅 274.95 万亩（统计数据），已经远低于国家规划的400 万亩棉花生产保护区规模。因此，积极试点示范推广植棉业新

业态——优质短季棉及配套农艺技术，以此通过调优传统棉作区域的种植业结构，加快推广植棉新技术、新产业模式，降低棉花生产成本、提高棉花生产综合效益。启动全省种植业结构棉作传统产业模式调优技术促进工程，不仅是促进全省棉花生产稳定，保障全省棉花保护区基础产能的内在要求，也是推进传统棉区产业振兴的重要保障。

（一）"短季棉"的概念，生物、生理、生产、生态特性，产业性、技术性、结构性、衔接性

短季棉，是指生长季节（包括生长期、生育期）较其他棉花短的一种新品种棉花，是相对春棉生长季节较短的棉花生产方式，是一种新的植棉业态。

优质短季棉，其生育期短、生长发育过程快、早熟，是生长发育期在 110 天以内的宜纺性高的陆地棉类型。短季棉品种特征特性主要是：一是生育期较短，可以跨越春季后在夏季播种，经济系数高，正常成熟或早熟，生长发育进程较快，营养生长、生殖生长叠加时间长，生殖生长较快，一般全生育期在 110 天以内；二是棉形较矮、较紧凑；三是集中结铃，成铃采收性强；四是对温光反应不敏感。

短季棉，在种植业茬口衔接性好，易与冬小麦、大蒜、小黑麦（包括其他绿肥饲料作物）、油菜等前茬作物接茬，其与粮、经、饲作物的产业关联度高、结构优化协调性好；土地和光热资源综合利用率高，可以提高土地复种指数；节约劳动力，减少棉花用工，可减少传统植棉方式的物化投入（节肥、减药、减灌溉次数和水量、减少种子相对用量、无地膜种植）约 80%。

（二）棉花生物体的多功能性、生态性、经济社会属性

棉花为双子叶植物，具有抗逆性、无限生长性、再生能力强等生物特性，光合积累生物量大，对土壤中的重金属离子（如 Cd^{3+}）

吸附强，是唯一由种子生产纤维的农作物，作为天然低碳的重要纺织工业的原材料，具有绿色纺织原料属性。

棉花经济产量中纤维约占 40%，棉籽约占 60%。其中棉籽有 7%～10% 短绒，其余为棉籽仁及棉籽壳。棉籽仁含有丰富的油脂和蛋白质，含油率高达 35%～46%，蛋白质含量高达 30%～35%；棉籽仁富含多种氨基酸，其含量是小麦的 1～2 倍；有些品种棉籽仁含蛋白质含量高达 35%～38%，高于大豆。脱酚棉籽油不饱和脂肪酸占 70% 以上，其中双烯脂肪酸—亚油酸占 50% 以上。另外，棉籽壳是食用菌类的重要基料。

因此，棉花是兼具纤维、饲料绿肥、油料作物功能的全球范围内最重要的经济作物之一，还是重要植物食用油、饲料或食品工业蛋白质原料来源，产业价值高。

基于短季棉的粮棉正向互作种植结构，利于提高土地资源利用率，在饲料、油料用途上可以进行大豆进口结构替代，按其衣分 40% 计，结合大豆脂肪、蛋白含量及单产产量，每种植 100 亩短季棉，相当于在不增加占用土地面积的情况下，又同时多收获了 50～60 亩大豆。

棉花是我国大田种植业生育期长、产业链最长的主要经济作物，商品率高达 95% 以上。棉花产业涉及种植、生产、加工、纺织、印染、服装、储运、贸易等多个行业，既是我国大量城乡劳动力就业创业和增收的渠道，也是纺织工业发展的重要支柱。

二、全省传统棉作区种植业结构及产业模式调整优化技术促进工程可行性分析

（一）全省传统棉作区种植业结构及产业模式调整优化基础条件

山东省棉花生产技术指导站组织专家组在无棣县绿肥饲料作物收后直播短季棉，东平、高唐、巨野、金乡蒜后直播短季棉，巨野、金乡、东平、平原麦后直播短季棉进行了三年试验，夏棉

技术取得重大突破，适宜麦后、蒜后播种的选育品种有鲁棉研532、德棉15、中棉所6269等，初步梳理构建了生产技术规程6项，实验总结形成技术产业模式6套，并试验配套相关农艺管理技术，经济效益、生态效益显著。

试验（实验）区气候特点、自然条件适合传统种植业结构调整优化。我省气候属暖温带季风气候类型，降水集中，雨热同季，春秋短暂，冬夏较长，年平均气温11～14℃。全年无霜期由东北沿海向西南递增，鲁北和胶东一般为180天，鲁西南地区可达220天。

（二）短季棉的新技术产业性应用

优质短季棉绿色高效技术是一项新技术，可以形成新植棉业态，因而可以形成新产业，体现了产业创新，进而又能拓展新模式，是抑制棉花生产萎缩、产业衰退的内在重要产业技术力量。

三、传统棉作区结构调整及产业模式基本思路、主要内容、绿色生态产业效果

以优质短季棉绿色高效技术为产业技术主线，试验示范小麦收后直播短季棉、大蒜收后直播短季棉、小黑麦或燕麦收后直播短季棉，进行种植业传统区域棉作模式的生产结构调整，优化生产布局，更新鲁南传统的小麦—玉米、全省大蒜套种棉花、鲁北滨海盐碱地生产区域的一年一熟的棉作模式。在鲁西的泰安市、东平县以南的鲁西、鲁西南、鲁南的鲁豫苏皖边界区域的县（市、区）进行麦收后直播优质短季棉，并在全省大蒜产区进行蒜收后直播，在鲁北滨海盐碱地推进小黑麦、荞麦收获后直播短季棉。

全面减少物化投入、劳动投入，降低棉花生产成本、提高植棉业综合效益，调整优化我省传统棉区种植结构，稳定并适当恢复我

省棉花生产规模和产量。

在光热水土适宜的鲁南、鲁西南"粮棉"单作区，加快试点试验，示范推广麦后棉，建立麦棉两熟的"粮棉双安"产业提升模式。由于棉花有纤维功能、饲料功能、油料作物功能兼具的生物特性，可实现部分大豆进口技术结构性（饲料蛋白）优化替代；蒜后棉、饲料作物收后直播短季棉产业模式，同时实现了鲁西南大蒜主产区土壤修复净化、鲁北盐碱地有机质提升的耕地质量维护的经济型生物技术措施保障，极具绿色高效产业价值。

四、全省传统棉作区种植业结构及产业模式调整优化技术促进工程的组织架构、实施区域、进程

全省传统棉作产业模式调整优化技术促进工程，主要进行试验点示范区规划、短季棉新技术应用创新试验示范，技术集成总结、技术标准、技术规程编制，产业模式鉴定评估；现场展示、编印技术设计分析实验（试验）资料、出版产业技术专著、推广科普知识手册、媒体推广宣传、农民培训；技术集成产业模式学术交流，技术体系与产业模式阶段总结。

该技术工程推进实施小组：

山东省棉花生产技术指导站联合项目实施市（县、区）农业农村局棉花生产技术公共服务管理系统，成立项目管理实施小组。

该技术工程推进技术咨询服务小组：

山东省棉花生产技术指导站牵头，由山东省农业科学院、山东农业大学、德州市农业科学院等技术协作单位组建项目技术咨询服务小组。

该技术工程推进区域：

潍坊市寿光市、昌邑市，滨州市无棣县、沾化区、惠民县，东营市河口区、德州市平原县、夏津县，聊城市高唐县、阳谷县，泰

安市东平县，菏泽市曹县、东明县、单县、巨野县、济宁市金乡县、鱼台县、微山县，枣庄市薛城区、滕州市，临沂市兰陵区、郯城县等 10 个地级市 22 个县（市、区）作为项目实施区域试点示范。

该技术工程推进进程：

2020 年，将在前期试验基础上，继续试验筛选品种，筛选示范配套品种 3～6 个，完善推广模式，扩大示范面积至 1 000 亩/县，部分县市将达到 3 000 亩以上，形成技术标准 6 套，初步总结建立生产技术规程，拍摄技术推广专题片。

2022 年，全省 9 市 20 县市区，示范辐射面积将达到 2 万亩/县，形成生产技术规程 30 项，编制出版科普专著。

2023 年，全省 9 市 20 县市区，鲁西南、鲁南、鲁西推广面积将达到 120 万亩，鲁北达到 80 万亩，带动潍坊昌邑、寿光北部盐碱地区域，鲁西南定陶、成武、嘉祥，鲁南台儿庄、临沭等 7 县市 30 万亩，总体将达到 230 万亩，加上原有传统棉花生产的动态变化存量 200 万亩，稳定并适度恢复 430 万亩，高于全省棉花生产保护区基本产能，建立种植业棉作结构调优、产业运行合理、生产体系绿色高效的内生发展技术支撑机制。

五、全省传统棉作区种植业结构及产业模式调整优化技术促进工程的技术路线、产业运作路线

采用示范推广与研发相结合，进一步持续选育、筛选、繁育系列优质专用品种，遴选棉作模式，制定技术标准、生产规程的技术路线。

进行小面积试点高产高质攻关与较大面积稳产示范推广相结合，小面积试验与大田生产专业化、规模化、区域化相结合，制定"技术、试点、示范、现代传媒、市场开发"的高技术产业运作路线。

六、全省传统棉作区种植业结构及产业模式调整优化技术促进工程经济效益、生态效益、社会效益分析

该结构调优技术产业模式能够有效降低劳动成本、物化投入成本等传统棉业成本，提高综合经济效益，提高种植业复种指数160％以上，显著提高土地资源产出率、光热资源利用率，其技术产业模式有效减少农业面源污染，生态效益、社会效益综合性较高。

（一）经济效益

提高土地利用效率，增加土地复种指数，提高单位面积土地收益；增加优质蛋白饲料；减少物化投入及用工成本，实现棉花轻简化种植，节本增效。

1. 棉麦模式

短季棉225～250千克/亩，按照6～7元/千克计算，收益1 200～1 750元，物化成本250元左右，纯收益950～1 500元；玉米600～650千克/亩，按照今年1.8元/千克计算，收益1 080～1 170元，物化成本300元左右，纯收益780～870元。按照棉麦模式种植比小麦－玉米模式多收入170～630元/亩。

2. 棉蒜模式

物化投入减少80％，实现无膜化生产，消除地膜污染。

3. 棉饲模式

（1）燕麦收益。平均每亩产燕麦鲜草3～4吨，折干草1吨，按每吨干草1 500元计算，每亩燕麦毛收益1 500元。减去麦种费180元、肥料费80元、机播植保费70元、灌溉费70元、机械收割费80元、其他管理费20元等，当年燕麦亩净收益1 000元。

（2）短季棉收益。平均每亩收获200千克籽棉（与2018年产量基本相当），单价6元/千克，每亩棉花毛收益1 200元。减去棉种费50元、肥料费80元、机播植保费150元、灌溉费70元、摘

棉费用 350 元、中耕费 50 元、其他管理费 50 元等，当年短季棉净收益 400 元。

草棉两季共收益 1 400 元，减去当年承包地款 600 元，该地块"草棉轮作"模式下亩均净利润应为 800 元（不含政策补助）。

（二）社会效益

有效缓解粮棉争地矛盾、实现粮棉"双安"协调互作发展生产格局，稳定国家粮棉安全，稳定农业生产，以新技术、新植棉业态、新产业带动扩大就业创业，带动当地农业经济发展。

（三）生态效益

提高光、温和土地利用率，充分利用自然资源；培肥土壤，提升耕地质量，增强农业生产后劲，净化土壤重金属离子及有机物污染，改善土壤生态环境，减少地膜污染，向简化栽培种植、减少化肥农药施用、无地膜化绿色生产方式转变，促进生产、生活、生态有机结合。

七、全省传统棉作区种植业结构及产业模式调整优化技术促进工程展望

该技术工程的顺利推进，对于探索稳定棉花生产、增加农民收益、推进棉花产业振兴是重要的技术产业发展路径。

全省传统棉作区种植业结构及产业模式调整优化技术促进工程，在全省构成三套生产生态绿色高效种植模式，形成技术标准 6 项、生产技术规程 30 项，开拓发展短季棉新植棉业态、新技术、新产业模式，构建产业发展支撑机制，适度恢复绿色高效棉田 230 万亩，加原有传统植棉业的 200 万亩存量，我省有效植棉面积总和将达到 430 万亩，此绿色高效技术产业模式的构建将成为全省 400 万亩棉花生产保护区基础产能的有力保障。